まわりの先生から

むむっ！

「授業の腕、
プロ級になったね」

と言われる本。

瀧澤 真[著]
Takizawa makoto

学陽書房

まえがき

　本書は、拙著『まわりの先生から「あれっ、授業うまくなったね」と言われる本。』の続編にあたるものです。
　前著はおかげさまで、多くの方に手にしていただくことができました。それだけ、「授業がうまくなりたい」「より良い授業をしたい」という先生方が多かったのだと思います。
　やはり教師になったからには、授業で勝負ができるようになりたい。授業で子供を伸ばし、変えていきたい。それが私の本音であり実感です。そして多くの先生方もまた、そう感じているのではないでしょうか。
　その証拠に、前著を読んだ先生方からは、「もっと授業の腕を上げるコツはないのか」という声が届くようになりました。
　学級経営につながる授業のコツや、ベーシックなポイントはつかめたが、上級編、さらなるスキルアップ編とも呼べる他の技術やコツが知りたいと言うのです。

　そんな折、新しい学習指導要領が公布されることとなりました。それに先だって、「子供が受け身の授業ではいけない」「これからは一斉指導をやめて、子供をもっと主体的・協働的にさせなければならない」という意見が活発に交わされるようになりました（いわゆる「アクティブ・ラーニング」というものです）。
　この風潮に私は危機感を覚えました。
　私が教師になった頃、
　「これからは支援の時代だ。指導してはいけない」
ということが言われ始めました。学習指導案の「指導と評価」とい

う部分は、「支援と評価」と表記を改めるように指示されました。教師が教える授業が否定され、支援にまわるべきだと指導されたのです。

このように新しい考え方が導入されると、多くの場合、意見が二つに分かれます。

新しい考えを進んで取り入れていこうとする考えと、伝統的なもののほうが良いという考えです。「不易」（変わらないこと）と「流行」（変わること）というものです。

「流行」派は、「これからは支援の時代だから教師は指導してはいけない」「これからは子供たちをアクティブ・ラーナーにするために、子供同士の協働的な授業を中心にしなければならない」といった主張をします。今までの方法を否定します。

「不易」派は、「どんなに時代が変わろうとも教えるべきことを教えればよいのだ」「安易に流行にのるのは危険だ」と主張します。新しい方法を受け入れようとしません。

しかし、私はこのように二項対立で考えることは間違っていると思います。

実は「不易流行」は松尾芭蕉の主張した考え方で、

不易を知らざれば基立ちがたく、流行を知らざれば風新たならず

と『去来抄』に書かれています。

「普遍的な変わらぬことを学ばなければ、基礎が身につかない。しかし、時代にそった新しいものを求めなければ、進歩がない」といった意味です。つまり不易と流行は、根本ではつながり合っているのです。芭蕉が言ったのは俳句についてですが、教育にもまた同じことが言えると私は思っています。

本書はこのような考えのもと、子供をよりよく変化させるための指導法や教師の発する言葉をどのように磨くかという、どちらかといえば「不易」にあたる部分。そして「主体的・対話的で深い学び」「思考力」といった「流行」にあたる部分。この両面から構成して

います。

　流行は流行している時にしか学べません。一方で、基礎がないままに流行ばかり追い求めては、安定した授業ができません。

　バランス良く、様々な指導を行うことができるようになることが大切です。特定の指導法に固執していては、価値観が多様化する時代に対応することはできないでしょう。

　もちろん今回も、すべての実践を地元の若い先生方にも行っていただきました。その上で、実践するには無理があるというものは削り、物足りないものは再度練り直すなどして調整しました。また、どのクラスでも十分に実践可能な内容に絞り掲載しています。

　効果は実証済みですが、もちろん同じ教室、同じ子供ではありません。ご自分の力量や子供の実態に合わせて、柔軟にやり方を変化させていくことが大切です。完璧な方法はどこにもなく、不断の見直しこそが授業の腕を上げることにつながります。

　本書の実践をベースに、各教室で、先生方が自分なりのオリジナルの授業術を構築していってくだされば、筆者としてそれ以上の喜びはありません。

　2017年

瀧澤　真

もくじ◎まわりの先生から「むむっ！ 授業の腕、プロ級になったね」と言われる本。

まえがき ……………………………………………………………… 3

授業術チェックリスト──まずは今の自分の状態を知ろう！ …… 10

Lesson 1
子供がみるみる変わる！
ワンランク上の授業術 ……………………… 15

> **実践者の声**
> 様々なことに目が向くようになりました！
> （男性教諭／教師歴7年目） …………………………………… 16

1 学習が苦手な子への対応術 ……………………………………… 18
2 学習が得意な子をさらに伸ばす ………………………………… 20
3 メリハリをつけた授業を行う …………………………………… 22
4 学力の向上を常にチェックする ………………………………… 24
5 スモールステップを使いこなす ………………………………… 26
6 1年間のゴールをイメージする ………………………………… 28
7 勉強術を教える …………………………………………………… 30
8 子供に理想の授業を見せる ……………………………………… 32

COLUMN-１ ●一人前になるには10年！ …………………………… 34

Lesson 2

授業スキルアップの要！
発問・説明・指示の使いこなしテクニック …35

> **実践者の声**
> 1年生にもよくわかる授業ができるように
> なってきました！（女性教諭／教師歴5年目）……………36

1 発問・説明・指示を効果的にする教師の話し方……………38
2 発問を使い分ける……………40
3 発問を使いこなす……………42
4 説明力を鍛える……………44
5 説明を見える化する……………46
6 わかりやすい説明の技術……………48
7 指示を効果的にする技術……………50
8 発問・説明・指示を組み合わせる……………52

COLUMN-Ⅱ ●研究授業はだれのために？……………54

Lesson 3

子供がどんどん食いついてくる！
教科別授業づくり成功のコツ …55

> **実践者の声**
> いろいろな教科に目が向くようになりました！
> （男性教諭／教師歴6年目）……………56

1 **国語科授業成功のコツ その1** 国語は3つのユニットで進める……………58

2	国語科授業成功のコツ その2	言語活動型授業づくりのポイント	60
3	算数科授業成功のコツ その1	系統性を意識する	62
4	算数科授業成功のコツ その2	生活との結びつきを考える	64
5	社会科授業成功のコツ その1	資料活用が授業の要	66
6	社会科授業成功のコツ その2	ネタを集める	68
7	理科授業成功のコツ その1	予想を重視する	70
8	理科授業成功のコツ その2	知識を日常生活と結びつける	72

COLUMN-Ⅲ ●柔軟に教えよう！ ……74

Lesson 4
子供がみるみる目を輝かせる！「主体的・対話的で深い学び」を目指す授業展開術 ……75

実践者の声
「主体的・対話的で深い学び」への不安がなくなりました！
（女性教諭／教師歴12年目）……76

1 「主体的・対話的で深い学び」とは何か ……78
2 主体的な学びをつくる ……80
3 対話的な学びをつくる ……82
4 ペア対話を極める ……84
5 深い学びをつくる ……86
6 ティーチャーからファシリテーターへ ……88
7 表現をゴールにおいてみる ……90
8 助け合える学級をつくる ……92

COLUMN-Ⅳ ●真の国際人とは ……………………………………………… 94

Lesson 5
「主体的・対話的で深い学び」に生かす！
思考力養成＆協働学習のポイント …… 95

実践者の声
子供たちが主体的に学ぶようになりました！
（女性教諭／教師歴5年目）……………………………………………… 96

1 「なぜ、そうなるのか？」を説明させる【理由・根拠】………… 98
2 同じところと違うところを比べさせる【比較】………………… 100
3 仲間分けをさせる【分類】………………………………………… 102
4 どこを先にするか考えさせる【順序】…………………………… 104
5 3人組で話し合う【小実験室】…………………………………… 106
6 自由に発想させる【ブレイン・ライティング】………………… 108
7 互いに助け合う【ジグソー】……………………………………… 110
8 自由な雰囲気のなかで意見を交流する【ワールドカフェ】…… 112

COLUMN-Ⅴ ●早く学校に行きたい！ …………………………………… 114

Q&A 実践者の疑問に答えます！ ……… 115

あとがき ………………………………………………………………… 126

授業術チェックリスト
――まずは今の自分の状態を知ろう！

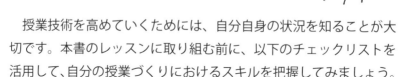

　授業技術を高めていくためには、自分自身の状況を知ることが大切です。本書のレッスンに取り組む前に、以下のチェックリストを活用して、自分の授業づくりにおけるスキルを把握してみましょう。

　まずは自己評価欄に、3（よくできている）、2（おおむねできている）、1（不十分である）の点数を入れ、Ⅰ～Ⅴごとに合計を計算しましょう。

　次に必要性を記入します。非常に必要だと思えば◎、必要だと思えば○、あまり必要だと思わなければ無印のままにします。

Ⅰ　授業の技術全般	自己評価	必要性
①学習が得意な子をさらに伸ばす指導も行っている		
②1年間のゴールをイメージして指導している		
③メリハリのある授業を心がけている		
④スモールステップを使いこなしている		
⑤子供に勉強のやり方を教えている		
合計点数		
Ⅱ　発問・説明・指示の技術	自己評価	必要性
①発問・説明・指示の違いがわかる		
②発問を使いこなしている		
③わかりやすく説明することができる		
④的確な指示ができる		

	自己評価	必要性
⑤発問や説明の時の話し方を工夫している		
合計点数		
Ⅲ　教科別指導技術	自己評価	必要性
①どの教科もまんべんなく指導に自信がある		
②国語科の授業が充実している		
③算数科の授業が充実している		
④社会科の授業が充実している		
⑤理科の授業が充実している		
合計点数		
Ⅳ　「主体的・対話的で深い学び」の視点での授業改善	自己評価	必要性
①「主体的・対話的で深い学び」の意味を理解している		
②助け合う学級風土を醸成している		
③子供たちは主体的に学習に取り組んでいる		
④対話的な学びを意図的に取り入れている		
⑤ファシリテーターとしての役割を意識することがある		
合計点数		
Ⅴ　思考力・協働学習の技術	自己評価	必要性
①思考力を育成するよう心がけている		
②クラスの子供たちは思考ツールを使って話し合っている		
③ペア対話以外の話し合いもよく行っている		
④ジグソー学習を取り入れている		
⑤ワールドカフェという方法で話し合っている		
合計点数		

Ⅰについて

　ここが低得点の場合、授業術の基礎・基本が不十分だと言えます。まずはLesson 1の8つの実践をクリアしてみてください。

　また、関連書の『まわりの先生から「あれっ、授業うまくなったね」と言われる本。』をぜひともご参照いただき、その内容を確実に身につけることをおすすめします。

　こうした基礎技術はそれが当たり前というレベルになるまで、何度も繰り返す必要があります。できていると思っても、時々チェックしましょう。

Ⅱについて

　教師主導型の一斉授業では、教師の指導言が授業の質を左右します。ここが低得点の場合は、子供にとってわかりにくい授業を行っているかもしれません。まずはシンプルな指示、わかりやすい説明の技術を磨いていきましょう。

　また、子供たちの活動中心の授業においても、教師がまったく話をしないということはありません。いかなる授業スタイルであろうと、指導言を磨くことが大切です。

Ⅲについて

　どの教科も不安なく指導できる教師は少ないでしょう。しかし、教師の苦手意識によって子供の伸びを阻害してはいけません。今回は紙面の関係から、保護者からの要望が高い国語科、算数科、社会科、理科に限定してコツを述べています。まずはこの4教科が自信をもって指導できるようになりましょう。

　もちろん他の教科も重要ですし、まんべんなくどの教科も指導できるだけでなく、この教科だけはという強みをもつことも大切です。

Ⅳについて

　「主体的・対話的で深い学び」は新しい言葉ですので、得点が低くなる方が多いでしょう。あとはどの程度の必要性があるのかということです。

　まずは、「主体的・対話的で深い学び」についての概要を学ぼうという方は、このレッスンを実践してください。その上で、自分なりの授業改善を追求しましょう。文部科学省は特定の型を求めてきたわけではありません。自分のクラスに合わせてアレンジしていきましょう。

Ⅴについて

　ここも実践している方は少ないのではないでしょうか。Ⅳと関連した事項ですので、ⅣとⅤはセットで実践したほうが効果的です。なお、Ⅰ、ⅡができていなくてはⅣ、Ⅴができないというわけではありません。Ⅰ、Ⅱをしっかりマスターすることで、Ⅳ、Ⅴが充実するという面があります。

　逆にⅤを知ることで、一斉指導が充実するということもあります。ぜひとも相乗効果をねらい、実践してください。

　自分のどこに弱点があるのか把握できたでしょうか。

　その弱点部分を補うことで、バランスの良い指導力をもった教師になることができます。

　いくら子供の活動を活発にするような授業が求められるようになろうと、すべての時間を、対話的・協働的な授業で行えるわけではありません。教えるべきことが明確で、普遍的な事項は講義型で一斉指導したほうが効率良く身につけさせることができます。

「まえがき」にも書きましたように、要するに、状況に応じていくことが大切なのです。不易と流行、どちらもバランス良く充実させていきましょう。

　また不易の部分を学び、足りない部分を補うだけではなく、不易での学びを子供中心の学習活動に生かすこともできます。例えば、いくら子供中心の活動だと言っても、すべてを自由に行わせるわけではありません。どんなことに取り組むのか説明したり、指示を出したりする必要があります。その際に、不易の指導で身につけたわかりやすい話し方が有効に働きます。
　反対に、流行の授業を追い求めるなかで、不易の重要さを再認識することもあるでしょう。教えるべきことをしっかりと教えておかねば、深い学びにはつながらないからです。
　流行の授業を追い求めるなかで、不易の重要さを再認識することもあるでしょう。
　このように、バランス良く指導力を伸ばすことによって、プラスアルファの効果も出てくるはずです。
　様々な手法を自在に使えるようになってこそ、授業の上級者と言うことができるのです。

Lesson 1

子供がみるみる変わる!
ワンランク上の授業術

ここでは、さらに授業の腕を上げるための実践を紹介しています。見落としがちなポイントを挙げていますので、しっかり指導できているか確認しましょう。

Lesson1…実践者の声

様々なことに目が向くようになりました！

（男性教諭／教師歴7年目）

　今回Lessen 1の授業術を実践してみて、意識が大きく変わりました。今まで、学習が苦手な子供への手立ては熱心に考えていましたが、得意な子にはあまり注意を払っていませんでした。

　ですが実践を通して、学習塾に通ったり、自主学習を進んで行ったりしている、理解が進んでいる子供にも目を向ける大切さを感じました。トップ集団をさらに高めることで、学級全体の学習意欲が保たれ、成長し続けようという雰囲気が生まれるようになったのです。それこそが、「個を大切にする」ということなのだと実感しました。

　何より、「学校はあまり好きではない」と言っていた学習が得意な女の子が、「最近学校が楽しいよ！」と話してくれたとお母さんから連絡があり、たいへんうれしく思いました。その子自身の知的好奇心を高めていくように働きかけていくことで、学校生活そのものが楽しくなり、様々なことに挑戦したり、クラスのために進んで行動したりするようになってきました。自然と学級全体の雰囲気も良くなり、「楽しい」と感じてくれるようになったのだと思います。

　これからも個々に合わせた指導の工夫をしていきたいと思います。

Lesson1-3 メリハリをつけた授業を行う

　45分間ずっと集中して授業を受けるのは、子供でなくても大変きついものです。自分自身を振り返っても、大学時代、講義を聞き続けることが非常に苦しかったことを覚えています。

　現在は低学年を担任していますので、長く集中が続かない子供をいかに学習に参加させるかが、大切だと思っています。そこで、15分を１つのユニットとして授業を組むようにしてみました。国語科では、「音読」「視写」「話し合い」「漢字」などを組み合わせると、授業にメリハリがつきます。終わりの挨拶をする際には、子供から「えっ？　もう時間？」との声が聞かれることもあります。

　じっくりと静かに漢字練習や視写を集中して行い、次に音読で声を出し、さらに考えたことをまとめていく。このような授業の流れで行うと、子供が集中して学習に取り組むので、学力アップにもつながってきました。

Lesson1-7 勉強術を教える

　自分自身が、「小学校で勉強術を教えてもらった」という記憶がありません。自主的に勉強を進めなくてはならない中学生になった時には、あっと言う間についていけなくなってしまい、大変苦労をしました。ですから、まずしっかりと物事の効率的な覚え方を身につけることは、大切なことだと思います。

　例えば、漢字は絶対に暗記しなくてはならない事柄の１つです。そして、私のクラスにも漢字を苦手としている子供がいます。その子は、非常に勉強熱心でしたが、いつも同じ漢字を何行もたくさん書いていただけでした。そこで早速、書いたら左手で隠し、覚えたかをチェックすることを教えました。すると、苦手な漢字だけ何度も書き、簡単に覚えられた漢字には、あまり時間をかけないといった工夫をするようになりました。これまで70点程度だった小テストでもコンスタントに90点以上をとれるようになり、確実に効果が表れてきました。今では、その方法をクラスみんなにも伝え、全員が実践しています。低学年でも十分に取り組むことができました。

Lesson 1-1

学習が苦手な子への対応術

学習が苦手な子にやるべき
最低限のこと

● **現状を分析しよう！**

　中学校教師の方々と話していてよく言われるのは、「せめて入学前に、小学校で習う漢字くらいは読めるようにしておいてほしい」「せめてかけ算九九はマスターさせてから進学させてほしい」ということです。小学校教師として、すべての子にそれだけは保障したいと思っていましたので、学年始めには、必ず前学年の漢字の読み（ランダムに50問程度）と基本的な計算やかけ算九九のテストをしていました。基本計算の場合は、すべて正解するかだけではなく、何分かかるのかも確認しました。かなり時間がかかる場合は、習熟していないと判断します。漢字は前学年のものがあまり読めなければ、さらにその前の学年のものをチェックしていきます。

　こうやって、まずはどこで躓いているのかを把握するのです。躓きがわかれば、あとはそこから少しずつ教えていきます。その際、あまり多くを求めすぎてはいけません。最低限のことができるようになればと割り切りましょう。休み時間を削ってまでその子に勉強させては、その子の学校生活はとてもつまらないものになってしまいます。

　私の場合は、朝の読書の時間だけ、特別プリントに取り組ませていました。家庭の協力が得られる場合は、宿題も出しました。

● 漢字の読みこそ力を入れて指導する

　勉強が苦手な子の多くは、教科書をすらすら読むことができません。漢字を読むことも苦手です。そのため、テストで点数がとれないことも多いのです。ですから、そばでテストの問題を読んであげると、いつもより良い点数をとれるはずです。

　そこで私が重視していたのは、漢字の読みの練習です。漢字というと、書き取り指導に熱心な先生は多いのですが、読みは軽視しがちです。しかし、実は書き取り練習の前に読みを徹底したほうが、結局は早く書けるようになります。また勉強が苦手な子にとっては、読める字が増えるので、学力向上にダイレクトにつながるのです。

　では、どうやって漢字の読みを鍛えていくとよいのでしょうか。一番簡単なのは、ドリルの読みのテストのページを使うことです。このページを隣同士のペアで順番に読ませていきます。ペアのどちらかが読めなければ、もう一人が答えを教えます。二人ともわからなければ、裏面の答えを見て確認させます。これを5分間なら5分間で、できるだけ繰り返し挑戦させます。これを毎回行えば、ほとんどの子が漢字を読めるようになるはずです。

ワンポイント★アドバイス

読める字が増えることで、社会科や理科のテストもできるようになっていきます。漢字と並行して物語や説明文、さらには理科や社会科の教科書を繰り返し音読させることで、さらに力がついていきます。

Lesson 1-2

学習が得意な子を さらに伸ばす

学習が苦手な子への支援はするが
得意な子へ指導する教師は少ない

● 学習の得意な子への対応を考えていますか？

　学習の得意な子が、
「学校の授業はつまらない。塾のほうが面白い」
と話していたことがあります。これは彼らにとって、まさに本音なのでしょう。確かに指導案を読んでも、学習が苦手な子への支援方法は記述されていても、得意な子をさらに伸ばす指導に言及していることはまれです。つまり、学習が得意な子への配慮というのはあまりされていないというのが実情ではないでしょうか。

　学習の得意な子にとって教室であたえられる課題は簡単ですし、暇をもてあますことも多いでしょう。ですから、先のような台詞が出てくるのです。

　そこで、ぜひとも考えていきたいのが、学習が得意な子をさらに伸ばすには、どうすべきかということです。

● こうやって伸ばしていこう！

・もっと他の方法でできないか考えさせる

　机間巡視している時に、学習の苦手な子に個別指導するだけではなく、すぐに解き終えてしまうような子には、「もっと他の方法で

解けないかな？」「あと2種類のやり方を考えてみなさい」などの助言をしていくようにしましょう。繰り返し指示するうちに、早く終えた時は別解を考えるという習慣が身につきます。また、「だれもが納得するような説明を考えておきなさい」と指示し、あとで実際に説明させるのも良い方法です。

・難しい応用問題を解かせる

　算数科などでは、中学校の入試問題のような難問を用意しておき、早めに終わったらそれに挑戦させることも有効です。学習が得意な子には、頭を必死に働かせるような時間が必要です。時にはどんなに頑張っても解けないという体験も大切です。問題を解くこと自体よりも、粘り強く挑戦できる力を伸ばすというイメージで指導するとよいでしょう。

・いくつも取り組ませる

　国語科で俳句をつくった時や、社会新聞を書かせた時などは、早めに終わったら、さらにもう1つつくらせるなど、数多く取り組ませましょう。多く経験することで、その子はさらに活動に習熟していきます。その際、条件を付けるようにすると、さらに難しくなります。例えば、「テーマを設定し、それに合うような俳句を3句つくりなさい」「人物の関係図を入れて新聞をつくりなさい」などです。文字数や時間などを制限するのもよいですね。

ワンポイント★アドバイス

学習の得意な子を伸ばすと、その子に引っ張られて学級全体の学力のレベルも上がっていきます。つまり、できる子を伸ばすのはひいきではなく、全体のことを考えた指導でもあるのです。

Lesson 1-3

メリハリをつけた授業を行う

一本調子な授業は
退屈なもの

● 静と動、緩急のメリハリが大切

　映画では、クライマックスの前に、あえて少し間延びしたような場面をつくると言います。お笑い番組でも、大笑いの前にちょっと退屈するような話をもってくるという話を聞いたこともあります。

　ずっとハラハラしたり、笑い続けたりするのは疲れます。また、退屈したあとだからこそ、余計に大笑いできることもあります。

　授業ではどうでしょうか。

　45分間、ずっと緊張状態が続く、集中が求められる授業になってはいないでしょうか。テンポ良く、リズム良く授業をするのがいいからといって、一本調子の授業をしていないでしょうか。

　ぜひ、45分のなかに「静」と「動」、緩急を織り交ぜていきましょう。

● メリハリのつけ方

・「教師が説明する場」と「子供が活動する場」を交互に設定する

　教師の説明が中心となる授業の場合、教師が「動」で子供は「静」となります。子供の活動が中心なら、子供が「動」で教師は「静」となります。どちらかばかりに偏らずに、「静」と「動」が交互にくるような授業が基本です。

- 雑談を入れる

　途中、ダレてきたなと思ったら、雑談を入れるようにします。もちろん雑談と言っても、その日の学習と何らかの関係があるとより効果的です。例えば、社会科で古墳時代を学んでいるなら、大山古墳に行った時の話をするとか、国語科で「ごんぎつね」に取り組んでいる時なら新美南吉の他の作品を紹介するなど、テーマにそった小話がよいでしょう。

- 「話す」「聞く」「読む」「書く」を織り交ぜる

　教師の指導と児童の活動のバランスとともに、読み書きなどのバランスも考えていくと、より一層メリハリがついてきます。

- 退屈そうでもあえて放置する

　子供の様子を見ていて、退屈してきたなという場面があります。例えば、アイディアが出尽くしてしまった時、話し合いが堂々巡りになった時、あまり興味のない話を聞いている時などです。授業効率で言えばそうした時間はカットしたほうが良いでしょう。しかし、アイディアが出尽くした時から本当の思考が始まったり、興味がない話のなかにかすかに気を引く言葉が出てきたりするものです。何となくぼーっと話を聞いていたり、考えごとをしたりしている時に、ひらめくこともあります。そういう時間を大切にし、後半に一気にテンポを速め、まとめていくことでメリハリがつきます。

ワンポイント★アドバイス

45分間ずっと文章を書いているような授業もあります。そうした場合は、何時間かの単元のなかでのバランスを考えていくとよいでしょう。1時間目で教師の説明が多くなったら、2時間目は子供の活動が多くなるように意識するのです。

Lesson 1-4

学力の向上を常にチェックする

授業の目的は
学力形成と強く意識しよう

● 学力形成こそ授業の核

　どんな授業が良いかと研修会で聞くと、多くの先生方から「子供が生き生きと活躍する授業」や「楽しい授業」という答えが返ってきます。確かにそうした面も大切かもしれませんが、授業は「学力を形成」するためにやっています。ですから、楽しいだけで何の力もついていないとしたら、その授業は失敗なのです。では、学力が形成されたとは、どんな状況のことを言うのでしょうか。

　植草学園大学名誉教授の野口芳宏先生によれば、

　①入手　獲得　②訂正　修正　③深化　統合
　④上達　進歩　⑤反復　定着　⑥活用　応用

これらが見られれば学力が形成されたと言います。

　さて、みなさんの教室では授業が終わったあとに、子供たちが何かを獲得したと言える状態になっているでしょうか。間違いに気付き、正しい方法や答えを知ったでしょうか。浅い考えが深まったでしょうか。

　また、練習によって技が上達したというのも学力形成と言えます。反復によって知識などが定着した場合もそうです。身につけた知識や技能を応用できるようになったというのも、学力が形成されたと言うことができます。

日々の１時間１時間の授業で、「今日は必ずこの学力を形成するのだ」という目標を立て、授業後に振り返っていきましょう。授業がワンランクアップするはずです。

●５分でも学力は向上する

　「５分も授業を見れば、その善し悪しがわかる」という方がいました。昔はその話を半信半疑で聞いていましたが、今なら私もそう判断できます。それは、良い授業は５分なら５分なりの学力向上が見られるからです。

　例えば、良い授業なら「おじいさんがぁ～」などと音読している子供たちがいたら、すかさず音読を止め、「おじいさんが」と修正し、やり直しをさせます。しかしそのまま放置し、先に進んでしまう教師が多いのです。

　５分間、子供が作業をしているだけの時もあります。そうした場合でも、教師がどのように机間巡視しているかで善し悪しを見極めることができます。わかっていない子に個別指導するだけでなく、浅い考えの子に「もう少しわかりやすい説明を考えてみなさい」と助言したり、理解力のある子に「この考えを使ってさらに違うやり方を考えてみよう」と活用させたりする場面が見られるからです。

ワンポイント★アドバイス

算数科は比較的学力形成が明確です。活動＝学力形成となる場合が多いからです。一方、国語科は単に文を書いているだけ、音読しているだけなど、活動あって学びなしとなりがちですので、どんな学力をつけるのかを意識する必要があります。

Lesson 1-5

スモールステップを使いこなす

理屈は知っていても
使いこなせていない技術

● スモールステップを効果的に使っていますか？

　スモールステップで指導すると効果的だということは知っていても、それを意図的に使いこなしている方は少ないようです。
　ここでは、スモールステップの基本と、それをどのように使いこなしていくのかを述べます。
　例えば、3桁＋3桁のたし算をいきなりできるようにするのは難しいので、まずは1桁同士、しかも繰り上がらないものから順番にやっていくというのがスモールステップの基本です。算数科の学習はたいていそうなっています。
　また、体育科などの技能系も、スモールステップが有効です。例えば、跳び箱で抱え込み跳びを教える時は、まずは床の上で抱え込み跳びのような動作を繰り返し行わせます。スムーズにできるようになったら、抱え込み跳びの動作でマット1枚の上に乗る練習をします。そしてマットを2枚、3枚と増やしていき、次に1段の跳び箱というように細かなステップを繰り返していくのです。
　いきなり「4段の跳び箱で抱え込み跳びをしなさい」と言っても、ほとんどの子には不可能です。できるだけ細分化し、1つ1つをクリアさせていくと、「できた」が連続します。そのため意欲が持続しますし、自尊心も満たされます。

● スモールステップ使いこなし術

・技術系

　体育科の例のように、技術系は細かなステップに分け、1つ1つをクリアさせていくようにします。算数科での分度器やコンパスの使い方、製図、理科の実験などもこれに分類されます。

・記憶系

　例えば、20個の漢字を覚えるなら、5個ずつに分けます。5つ覚えたら次に進みます。ただし、記憶系は繰り返しが大切ですので、10個覚えたら、最初の5個と合わせて10個の漢字をテストし、次の5個を覚えたら15個の漢字をテストするというように、漸次増やすやり方が有効です。

・理解系

　1つの段階を理解し、それを土台に次の段階に行くタイプです。算数科の学習に多いパターンですが、例えば、「1mあたりいくらか？」という問題で「2mで400円の鉄の棒」ならほとんどの子がわかりますが、「400円で買った0.5mの鉄の棒」だと、とたんに難しくなります。こういう場合は、「2mで400円の鉄の棒」「0.5mで400円の鉄の棒」というステップを挟むとわかりやすくなります。

ワンポイント★アドバイス

例えば、「4段の抱え込み跳びができる」というゴールを達成できて初めて成功だという考えを改めましょう。スモールステップの1つ1つをクリアすること自体が成功であると捉えます。すると成功体験が連続して子供のやる気が持続します。

Lesson 1-6

1年間のゴールをイメージする

目的地が明確でなければ
ゴールにはたどり着けない

● 1年後の姿をリアルに思い浮かべる

　1時間の指導目標を意識し、それを意図的に身につけさせることで、子供の学力が向上します。

　しかし、それだけでは不十分です。単元全体でつけたい力、そして、1年を通して身につけさせたい力を意識すると、授業の腕が一段上がります。

　特に4月の段階で、1年後のゴールを明確に、リアルに思い浮かべることが大切です。そうした目標設定がなければ、子供たちをどのように育てていくのかという設計図は描けません。

　例えば、音読。一人残らず、クラスの全員がお腹から、張った声で音読している姿をゴールとして設定します。

　明確なイメージをもち、現状の不備、不足を把握することから1年間を始めましょう。

● 教師のイメージが子供の成長を規定する

　教師が思い描く1年後の姿。そのレベルによって、子供たちの育ちは決まっていきます。

　「活発な話し合いをしていればよい」というような具体性に欠

るイメージしかなければ、クラスの話し合い活動は低いレベルのまま終わります。

　しかし教師が、具体的な質の高い話し合いのイメージをもっていれば、子供たちはさらに成長します。

　ではどうすれば、そのようなイメージがもてるでしょうか。

　例えば、私は長年ある有名な附属小学校の公開研究会に通い続けてきました。「附属小の子供たちと地域の子供たちではレベルが違いすぎて参考にならない」と言う人もいました。しかし私はそうは思いません。クラス全員が附属小の子供たちのようにはならなくても、一部の子は同じような姿を見せ始めるものです。そして、それが少しずつ広がっていきます。最初からあきらめていては到達できない成長を見せてくれるものなのです。

　附属小に限らず、「これは！」と思う先生、地域で評判の学校などは、機会を見つけ、どんどん参観していきましょう。自分の専門とする教科に限らず、様々な教科の授業を見ていきましょう。算数科の授業イメージ、社会科の授業イメージなど、教師が教科毎の具体的なイメージをもつことで、さらに子供たちを伸ばしていけるはずです。

ワンポイント★アドバイス

本物の授業を見ることが一番ですが、授業記録を載せた書籍や、授業のDVDで補足することもできます。「この先生は！」と思ったら、ライブでの参観に合わせ、DVDなどで繰り返し授業を見るとより効果的です。

Lesson 1-7

勉強術を教える

勉強術は意外と
子供たちに教えられていない

● 効果的な勉強法を教えよう！

　漢字練習を宿題に出しても、どうやって漢字を覚えるのかは教えていない。社会科のテスト勉強をしてきなさいと言いながら、テスト勉強の方法を教えていない。特に小学校には、そういう先生が多いのではないでしょうか。

　例えば、同じ漢字をノートに1行ずつ書かせる宿題を出す先生がいます。これは何のためなのかと疑問に思います。同じ漢字を10回も書くのは記憶のメカニズムから言えば、意味がありません。また最初から書ける漢字を10回も練習させるのは非効率的です。小学生であっても、より良い勉強術を教えていくべきです。

　特に身につけさせたいのは、暗記の方法と練習問題のやり方です。小学校で身につけさせておけば、中学校や高校でも必ず役に立ちます。

● 効率的な暗記法

　先の例のように、10回も答えを見ながら漢字を書くのは非効率的です。記憶するには、答えを見ないで書く場が大切です。ですから、3回書いたら4回目は答えを見ないで書いてみるようにさせる

のです。それで書けたら、次の字に移ります。書けなかったらさらに3回書いてから再びテストします。こうしたことを繰り返し、10個なら10個全部が書けるようになったら、最終テストとして10個を答えを見ずに書かせます。ここで間違えた字はさらに練習します。

　最後まで覚えられなかった字は、翌日に必ず再度挑戦させます。

● 効率的な練習問題の解き方

　ドリルやプリント類に取り組む時には、答えを直接書き込まないようにさせます。教科書の練習問題も同じです。

　ノートに答えを書き、合っていたものには問題番号に○をつけ、間違っていたものには／をつけます。

　一通り終わったら、／の答えを確かめて覚えたり、やり方を教師に質問させたりします。そして今度は、／の問題だけに取り組みます。前回同様に合っていたら○、間違っていたら／をつけます。この時、／を先ほどと逆向きに書きます。するとその問題には×がつくので、これが一番苦手な問題だということがわかります。

　これを繰り返していき、やがて全部に○がついたら、再度すべての問題に挑戦させていきます。

ワンポイント★アドバイス

多少やり方が複雑なので1年生には難しいかもしれません。私の場合は2年生なら家庭の協力があればできた経験があります。子どもたちの実態に応じて取り組んでください。いずれにせよ、根性ではなく、科学的、効率的に取り組みましょう。

Lesson 1-8

子供に理想の授業を見せる

理想の授業を
共有する

● 理想の授業をイメージしていますか？

　教師がまずは授業の理想状態を思い浮かべられるようにしようと、Lessen1-6に書きました。

　実は、それだけでは不十分なのです。教師がイメージするだけでなく、子供も同じようにイメージできると上達が速いのです。

　例えば、ハードル走を教える場面を想像してください。まずは教師が理想的なフォームをイメージできないと、良い指導はできません。

　しかし、それだけでは、うまくいかないのです。ハードル走を言葉で説明することは難しいからです。

　そこで通常は教師が跳んで見せたり、上手な子にやらせてみたりします。つまりモデルを見せるのです。どちらも難しい場合は、絵で見せたり、映像で見せたりもします。そうやって、ハードル走のイメージを教師も子供も共有してから練習することで、子供はより短時間でハードルの走り方を身につけられます。

　これと同じことが授業でも言えるのですが、理想の授業イメージを子供に意識させている教師は、少ないようです。これから紹介する方法で、ぜひとも子供たちと理想イメージを共有してください。

● 理想状態を共有するには

・台本を書き、演技させる

例えば、ペアでの話し合いを充実させたいとします。その場合、理想的なペアでの話し合い台本を教師が書きます。そして、演技が上手な子たちに、それをみんなの前でやらせるのです。もちろん練習させ、これなら良いという状態に仕上げておきます。何度か見せ、どこが良かったのか話し合わせます。そして今度は全員にペアで、この台本通りに話し合いをさせます。何回かやればおおよそのコツがつかめますので、あとは日々の授業のなかできらりと光る話し合いをしていたペアを取り上げ、紹介していきます。班や学級全体での話し合いも、基本的にはこの台本方式で教えることが可能です。

・理想の授業を映像で見せる

自分が理想とする授業のDVDを、子供たちにも見せましょう。理想的な授業では、子供も理想的な反応をしていることが多いからです。特に飛び込み授業ではなく、自分のクラスでの授業を公開している場合がよいでしょう。日頃から鍛えられている子供たちの姿から多くの学びがあるはずです。今年は鍛えられたと思ったら、自分のクラスを撮影しておくと、翌年以降に活用できます。

ワンポイント★アドバイス

もし同じ学校に「この先生はすごい！」という方がいたら、自分のクラスの子を連れて、授業参観をさせてもらいましょう。まさにライブで理想の授業を学ぶことができ、子供が劇的に変化するはずです。

COLUMN I

一人前になるには10年!

　「10000時間の法則」というものがあります。その道のプロとして活躍できるようになるまでには、10000時間程度の練習が必要だというものです。例えば、音楽学校でその後プロになれそうな生徒を調べたら、どの生徒もこれまでに10000時間以上の練習を積み重ねてきたことが明らかになったと言います(『天才！成功する人々の法則』マルコム・グラッドウェル、勝間和代訳、講談社)。

　教師は、年間におよそ1000時間の授業を行います。先の法則によれば、日々の授業に真剣に取り組み、それを10年続ければ、プロと言えるようになるということです。

　確かに10年程度の経験があり、熱心な仕事ぶりの教師は、ひと味違うなと思うことが多々あります。2～3年目の教師の授業、学級経営とはまったく別物です。

　3年目くらいまでは熱心に学んでいたけれど、その後は惰性で授業をやってしまっているという人も多いのではないかと思います。そこをぐっとこらえて、まずは10年間学び続けることを心がけてほしいと思います。

　10年間は長いです。ですから常に全力投球というわけにはいかないでしょうが、細々とでも伸びる努力を続けるのです。そうすれば、10年後には明らかに成長した自分に気付くことができるはずです(もちろん、10年前の自分と比較してということです。教師修業に終わりはありませんから)。

Lesson 2

授業スキルアップの要!
発問・説明・指示の使いこなしテクニック

ここでは、授業の要とも言える、「発問」「説明」「指示」を使いこなすための実践を紹介しています。教師主導型はもちろん、アクティブ・ラーニング型授業でも、教師の指示や説明は必須です。ぜひ、指導言のスキルアップに励みましょう。

Lesson2…実践者の声

1年生にもよくわかる授業ができるようになってきました！

（女性教諭／教師歴5年目）

　指示のあとの隠れ指示を意識させたり、発問や説明のあとの具体的な指示をはっきりとさせたりすることで、教師からの言葉かけを少なくし、子供たちの活動時間を多く確保できることがわかりました。今年は1年生の担任だったため、これを徹底することで、学習のための土台づくりができたように感じます。次年度の担任や全職員でこのことを共通理解し、6年間を通して実践できると、さらに効果的ではないかと思いました。

　発問には、拡散的発問と収束的発問があることを初めて知りました。この2つの発問を、使い分けたり使いこなしたりすることは、1年生でも取り入れることができました。例えば、「かえるくんはどんな性格でしょうか？」という拡散的発問により、子供たちにたくさんの意見を出させることができました。そうして出てきた意見を絞り、そこから「どの言葉が一番かえるくんの性格として合っているでしょうか？」という収束的発問につなげ、より深い読み取りを行うことができました。授業の核となる発問の重要性を改めて学ぶことができたと実感しています。

Lesson2-7 指示を効果的にする技術

　１日の学校生活のなかでは、たくさんの指示を子どもたちに出しています。それは例えば、「教科書を開きましょう」「赤青鉛筆を出しましょう」などというものですが、発問や説明よりも指示が一番多くなっているかもしれません。そしてこれまで、指示のあとはその通りにできているかを一通り確認していました。しかし、逐一それをやっていてはかなり時間がかかり、さらに、遅い子をみんなで待つ時間もあったのです。

　そこで行動と確認をセットに見える化したり、隣同士で確認し合わせたりして、よりはっきりと遅い子を把握できるようにしていきました。その子のみを支援することで、時間の短縮につなげることができたのです。

　現在の目標は隠れ指示を浸透させることです。１つの授業のなかで指示の回数が少なくできるように日常化させていきたいです。

Lesson2-8 発問・説明・指示を組み合わせる

　授業を組み立てるなかで、よく、中心となる発問はどうしようかとは考えますが、そのあとの具体的な指示は忘れがちでした。全員に考えさせるためには、個々の時間をしっかりと確保しなければなりません。「どのように」「どれくらい」などと明確な指示を入れると、子供の目安となり、低学年でもできるようになってきました。例えば、「かえるくんが優しいと思うところ、２つ以上の場所に線を引きなさい」と指示を出すと、１年生でもじっくり考え、取り組むことができました。

　少人数指導でも、全員が作業を終えるまでに時間差は生まれます。そんな時は、「やめというまで音読をしていましょう」「字をなぞり書き・空書きしていましょう」というようにその後の行動を示しておくことで、無駄なく時間が使えるようになりました。

Lesson 2-1

発問・説明・指示を
効果的にする教師の話し方

何を話すかだけではなく
どう話すかも考える

● **公的話法を意識する**

　私的な場面でどのような話し方をしようと、それはその人の自由です。しかし、授業というのは公的な場面です。公的な場面には、それにふさわしい話し方があります。

　例えば、あまりにもくだけた口調は慎むべきです。公私の別をつける意味でも、丁寧語を基本に、子供の名前を呼び捨てにしないなど品位に気を付けたいものです。

　また、教室で大勢の子供たちに話をするのですから、声の大きさなどもプライベートな会話とは違ってきます。つまり、やや不自然な話し方を意識する必要があります。こうした話し方を「公的話法」と言います（野口芳宏先生による）。公的話法のポイントは、以下の3つです。

　・常より大きく
　・常よりはっきり
　・常よりゆっくり

　多くの子供を相手にするので、いつもよりも大きな声で話をします。大きな声を出そうとすると滑舌が悪くなりがちですので、意図的に口を開け、はっきりと発音します。また、まくしたてるように発問や説明をされては、理解が追いつきません。ですから、通常よ

りもゆっくりと話をする必要があります。

　これら３点を意識するだけで、ぐっと落ち着いた話しぶりになり、発問や指示が通りやすくなります。

● 非言語コミュニケーションを意識する

　言葉そのものだけではなく、それ以外の要素がコミュニケーションに影響をあたえることはよく知られています。公的話法に加えて次のことも意識すると、よりわかりやすくなります。

・身振りや手振り

　ジェスチャーゲームを見ればわかるように、言葉を発しなくても意味が通じる場合があります。外国に行った時など、言葉が足りない部分を必死に身振り手振りで補おうとします。意図的にそうした動作を入れたほうが、聞き手にとってわかりやすいと言えます。

・表情

　「目は口ほどにものを言う」との言葉があるように、表情も重要なポイントです。特に笑顔で話をすると聞き手は安心します。また、特に真剣に話をする時には、目を見開き、しっかりと子供たちを見渡しながら話をすると効果的です。

ワンポイント★アドバイス

声や間も大切です。大切な話の時には、話し始めにわざと長めに間をとったり、あえて小さな声で話したりすると、聞き手を引きつけることができます。ほめる時は高い声で、叱る時は低い声でなどの使い分けもできるとより効果的です。

Lesson 2-2

発問を使い分ける

知っておきたい
発問の基礎基本

● **拡散的発問を使いこなそう！**

　発問には、大きく分けると拡散的発問と収束的発問があります。
　拡散的発問とは、いくつもの答えが予想される発問のことです。多様な考えを引き出したり、様々な考え方があることに気付かせたりするのに有効です。例えば、社会科で、
　「写真を見て、わかったこと、気付いたこと、疑問に思ったことは何ですか？」
などと聞くのは、拡散的発問です。このように聞くことで、思考が広がっていきます。
　また、曖昧な部分を聞くことも、拡散的発問につながります。三好達治の「雪」という詩があります。
　太郎を眠らせ、太郎の屋根に雪ふりつむ。
　次郎を眠らせ、次郎の屋根に雪ふりつむ。
　この詩について、「太郎と次郎は何歳か？」「どんな家に住んでいるのか？」「太郎や次郎を眠らせたのはだれか？」などの発問をすると、様々な解が出されます。この詩は状況説明がほとんどないので、こうした発問により、子供の自由な発想が促されるのです。
　東京大学の入試で正解のない問題が出され、話題になりましたが、今後はこうした拡散的発問が重要になってくるでしょう。

● **収束的発問を使いこなそう！**

　収束的発問とは、答えが限定されるものを言います。一番簡単なのは、いわゆる一問一答です。
　「中心人物はだれですか？」
　「食塩は水に溶けますか？」
　「鎖国後も貿易が許されていた国はどこですか？」
など、知っているかどうかだけが問題となるのでウォーミングアップとして行うのはよいのですが、主発問にはなりません。
　答えは限定されても、主発問となるのは、
　「この俳句の季節はいつですか？」
といった発問です。なぜならこの答えは、春夏秋冬のいずれかに限定されますが、その根拠を述べるには思考が必要だからです。なぜ夏なのか、だれもが納得できる根拠を示さねばならないのです。
　収束的発問の場合、選択肢を初めからあたえることもあります。
　その際は、いかに紛らわしい選択肢をつくるかがポイントになります。そのほうが、どちらが正しいのかと子供がよく考え、思考が深まるからです。

ワンポイント★アドバイス

発問は、子供の思考を深めるための教師の問いかけのことです。古くはソクラテスの問答法にあるように、人は問われて初めて気付き、深く考えるようになることが多いのです。問われ、考え、話し合うというのは授業の基本です。

Lesson 2-3

発問を使いこなす

発問を使いこなしてこそ
授業の腕が上がる

● 拡散的発問から収束的発問へ

　発問は単発で出すよりも、いくつかを組み合わせることでより効果を発揮する場合があります。
　例えば、拡散的発問は自由に思考させたり、意欲を高めたりするのに有効ですし、知識や技能を身につけさせるためには、収束させていく必要があります。
　そうしたことから、一番オーソドックスなのが、拡散的発問をしてから収束的発問で解を確定していくという方法です。いくつも考えを出させることで、思考を広げ、出された複数の考えを比較検討し、妥当な解に絞ることを通して子供の思考を深めるのです。
　例えば、
「なぜ、ごんは兵十に償いをするようになったのだろうか？」
という発問をします。この問いにはいくつも解が存在しますので、拡散的発問です。ですので、
「悪いことをしたから」
「うなぎを盗んだから」
「友だちになりたかったから」
「自分と同じようにひとりぼっちだったから」
など、いくつもの解が出されるでしょう。それを、

「どの解が最も妥当か？」
と絞っていくのです。子供から複数の選択肢を出させ、それを選ぶというイメージです。

● あえて正解のない発問もしよう！

「その物語を象徴する一文を挙げなさい」
という拡散的発問で、いくつもの文を挙げさせたあと、
「最も象徴的なのはどれか？」
と発問したことがあります。

これは収束的発問ですが、実は答えはないのです。多くの子が同じ文を選ぶ可能性は高いのですが、それが絶対の解ではありません。

これまでの授業では、発問の解は特定できなければならないとされていましたが、先に挙げた東京大学の入試問題でも問われたように、正解のない問題への対応をあえて考えさせるような場も必要となってきています。

もちろん、算数科や理科などでは原則解は特定されますが、国語科や社会科、総合的な学習の時間などでは、あえて答えのない問題を考えさせる必要もあるのです。

ワンポイント★アドバイス

発問は学力形成のために行うものです。ですから、子供の不備・不足・不十分を見極める教材研究が欠かせません。「どのように発問するか？」の前に、「どんな学力を形成するのか？」を自覚することが大切です。

Lesson 2-4

説明力を鍛える

説明力は教師の指導言の
中核となるもの

● 全体像を示そう！

　知らない町に突然放り出され、ある目的地まで行きなさいと言われたら、途方に暮れてしまいますよね。授業でも、急に細部から話し始めると、同じような気持ちを聞き手にもたせてしまいます。

　知らない町で目的地に行くために必要なのは、地図と現在地です。全体像と今の位置が明らかになってこそ、どちらに進んでいけばよいのかがわかるのです。

　わかりやすい説明のためには同じように、全体像と現在地を示す必要があります。

　そこで、話の始めには、これから何について説明するのかを明らかにしましょう。

　その際、参考にするとよいのが新聞です。新聞の大きな記事には、「リード」という要約文がついています。時間がない場合は、そこだけを読めば、おおよそのことは理解できるようになっています。このリード文が全体像ということになります。

　組体操で二人組での倒立を教える時のことを考えてみましょう。

　「今日は二人組の倒立を完成させます。一人が倒立し、もう一人が支えます」

　このように、初めに目的地、ゴールを示します。

次にゴールまでの手順を説明します。
「最初に、安全な降り方を練習します。次に、正しい手のつき方を練習します。それから、できるまで練習をします」
これで全体像を示すことができました。
あとは、今どこをやっているのかを確認しながら説明を進めればよいのです。

●ナンバリングとラベリングをしよう！

全体像を示す時に、さらにわかりやすくするために「ナンバリング」と「ラベリング」を意識しましょう。
「ナンバリング」とは番号を付けることであり、「ラベリング」とは名前を付けることです。先ほどの例で言えば、
「３つのステップに分けて練習します。１つめが安全な降り方、２つめが正しい手のつき方、３つめが足を上げて、それを持ってもらう練習です」
となります。
学年によっては、降り方ではなく「着地」など短い言葉に置き換えると、言葉がシンプルになり、わかりやすくなります。

ワンポイント★アドバイス

授業での教師の指導言で一番多いのが「説明」でしょう。発問がない授業はありえますが、説明がない授業というのは考えられません。「あの先生の授業はわかりやすい」と子供から評価を受ける教師は、間違いなく説明力が優れています。

Lesson 2-5

説明を見える化する

説明内容が見えると
さらにわかるようになる

● 視覚情報をあたえる

　百聞は一見にしかずという言葉があるように、説明内容を見えるように（見える化）すると、話がわかりやすくなります。ここでは、そのポイントをご紹介しましょう。

　まず一番有効な見える化は、実際に見せてしまうこと。実物があればそれにこしたことはありません。

　アリクイを知らない子供に言葉でどんな生物かを教えるのは、非常に難しいことです。しかし、動物園で実物を見せれば一発でわかります。写真や動画でも、簡単です。

　実演できることはやってみせるとよいでしょう。工作やコンパスの使い方などは、実際にやってみせるほうが、言葉だけで説明するよりも何倍もわかりやすいですね。

　目的や手順などは箇条書きで板書するとさらにわかりやすくなります。実際に今どこをやっているのかも、そうやってアウトラインが書いてあるとつかみやすくなります。

● 描写する

　映像が用意できない場合や、映像だけでは伝わりにくい場合は、

詳しく描写するようにします。描写に必要なのは、「色」「形」「数」「様子」「場面」などです。

例えば、メダカの雄雌の見分け方ですが、これは写真があってもわかりにくいですね。そこで、

「メダカの雄と雌をよく見てみよう。尻びれの大きさが違いますね。雌は雄よりも小さくて、三角形っぽくなっています。雄は雌よりも大きく平行四辺形に近いですね」

と形を描写するとわかりやすくなります。

身近なことに置き換えて話す

子供の身近なことに置き換えることができれば、説明内容がよりわかりやすくなります。

例えば、物語の構造を教える時に、「クライマックス」は「物語が一番盛り上がるところ」「中心人物の状況が変化するところ」と説明しても、しっくりとこない子供もいます。

そんな時、私は有名な探偵もののアニメ番組に置き換えて説明するようにしています。すると、「事件の発端」はまさに事件が起きた時、「クライマックス」は犯人がわかる場面などと説明すると、納得してもらえることが多いのです。

ワンポイント★アドバイス

黒板などに絵を描いたり、図解したりするのも見える化の方法です。わかりやすい説明をしている先生の授業を参観すると、黒板を効果的に使っています。

Lesson 2-6

わかりやすい説明の技術

具体例だけの説明はわかりにくい

● **具体と抽象のバランスを考えよう！**

　話は具体的なほうがわかりやすいと言われます。しかし、具体例だけでは、すっきりとはわからないのです。例えば、
　「ぼくが好きな食べ物は、ラーメン、うどん、パスタ、素麺です」
という話は、別段難しくもなく、すぐに理解できます。でも、すっきりわかったという気にはなりません。そこで、次のように束ねてみます。
　「つまり、麺類が好きなのです」
　どうでしょうか。束ねる（抽象化する）ことでわかりやすくなったのではないでしょうか。
　もちろん、具体例があったほうがわかりやすいことは確かです。
　「ぼくは麺類が好きです」
だと、映像は浮かびませんね。映像が浮かぶほうがわかりやすい説明なのです。そこで、
　「例えば、ラーメンやパスタ、うどん、素麺です」
と加えるとよくわかります。
　つまり、具体と抽象のバランスが大切なのです。具体的な説明を入れるには、「例えば」という言葉をつけます。束ねて抽象化するには、「つまり」を使うようにします。

● 聞き手を引き込む技術

　説明の仕方そのものではありませんが、聞き手を引き込むためのいくつかのポイントをお伝えしましょう。

・**聞き手を参加させる**

　話を聞いているだけでは飽きてしまいます。そこで、聞き手も時々参加させるとよいでしょう。一番簡単なのは、大切なポイントを復唱させることです。声を出すことで話が頭に入りやすくなります。また、問いかけを入れるのも有効な方法です。例えば、

　「今、３つのポイントについて説明しましたが、それぞれどんな点に気を付ければよかったのでしょうか？」

と聞けば、復習になります。

　説明内容がいくつあったかを挙手させたり、このあとどんな説明になるのかを予想させたりするのも効果的です。

・**笑わせる**

　説明は短いほうがよいですね。でも、時には多少時間が必要な場合もあります。そんな時には、合間に笑いを起こすようにしてみましょう。ちょっと笑うことでリラックスでき、再び集中して話を聞くことができるのです。

ワンポイント★アドバイス

なお、具体化と抽象化については、『「本当の国語力」が驚くほど伸びる本』（福嶋隆史、大和出版）を参考にさせていただきました。他にも様々な例が出ていますので、一読をおすすめします。

Lesson 2-7

指示を効果的にする技術

指示のあとの確認を
おろそかにしない

● 指示のあとが大切

　指示で大切なのは、指示そのものよりも、その後、全員が指示通りに動いているかを確認することです。この確認をおろそかにして、「子供が指示通り動かない」と嘆くようではプロとしては失格です。
　では、どのような確認方法があるでしょうか。
①子供の動きを見取る
　基本は教師の見取りです。まずは全体をさっと見ていきましょう。
　指示通りに動いているかをチェックします。多くの子に混乱が見られたら、指示が良くなかったということです。修正する必要があります。指示通りに動いていない子を見つけて指導することも必要です。音読の指示をしたら、子供の口元を見ます。口が開いていない側に行って、声をかけます。教科書を開きなさいと指示したら、子供たちの様子を見て、「まだ3人開いていない人がいます」などと伝えます。そして全員が揃うのを待ちます。
②行動と確認をセットにして見える化する
　「ノートに書いたら、立ってそれを音読します」
　「3回読んだら座りなさい」
など、指示を終えたら確認のために何らかの行動をさせます。すると、指示を終えたことが見えます。

③ペアでチェックし合う

　ペアで相互にチェックさせると、さらに確実に指示通り行わせることができます。

　「考えを書いたら隣とノートを交換しなさい」

　「地図で木更津市を指しなさい。指せたら、隣同士で確認をしなさい」

などのように指示します。先ほどの「行動」と組み合わせ、ペアでの確認が終わったら座るなどを加えると、さらに確実に指示を通すことができます。

● 隠れ指示になっていくように心がける

　いくらシンプルにしても、指示ばかりでは、わずらわしい授業になってしまいます。暗黙の了解というように、指示しなくてもその行動が当たり前になるように指導していきましょう。例えば、

- **学習問題を書いたら音読する**
- **辞書を引いたら赤鉛筆でその言葉に線を引く**
- **立って音読したら座る**

など、日々の授業で繰り返す行為は指示しなくてもできるようになるとよいですね。

ワンポイント★アドバイス

　1つの指示には1つの行動しか入れないという基本を守りましょう。また、指示は一度にいくつも出さずに、1つ1つの行動を確認してから次の指示を出すようにしましょう。

Lesson 2-8

発問・説明・指示を組み合わせる

実際の授業は
これらをいかに組み合わせていくかで決まる

● 発問のあとには具体的な指示を出す

　説明文の授業でのことです。「チョウは何を手がかりに花を探しているのでしょうか？」と教師が発問しました。すると、何人かの子供たちが、「はい！　はい！」と言いながら手を挙げました。その教師は挙手した子を指名し、授業を進めていきました。

　これでは、全員が自分の考えをもつことはできません。

　発問のあとに、全員を考えさせるような指示が不足していたのが原因です。発問後すぐに、

「自分の考えをノートに書きなさい」

と具体的な行動の指示を加えるべきでした。

　もっとも、これだけでは不十分です。「何をどのくらい」という部分が不明確だからです。

- **具体的な行動**
- **数**
- **範囲**

などを入れると、わかりやすい指示になります。

「考えを10文字以内で書きなさい。時間は2分です」

「3分以内に根拠を3つノートに書きなさい」

　このように指示されれば、全員が目安をもって取り組めます。

● 時間差への対策を考えよう！

　「ノートを出しなさい」などの単純な指示の場合は、さほど個人差は出ません。しかし、発問や説明に指示を組み合わせた場合は、その作業を終えるのにどうしても時間差が出てきます。
　そこで、次の２つのポイントを心がけておくとよいでしょう。
①小刻みな作業を何度も行わせる
　「賛成なら○、反対なら×と書きなさい」
　「根拠をずばり一言で書きなさい」
など１分以内で終わるような指示を小刻みに出していくのです。これならば差は出ません。
②指示を終えたあとの行動を説明する
　ペア対話やグループワークなど、ある程度まとまった時間が必要な場合もあります。その場合は、指示を終えたあとの行動もセットで説明しておきましょう。例えば、
　「今日の学びを振り返り、感想を書いておきましょう」
　「話し合いの内容を発表してもらいます。発表の練習をしておきなさい」
などです。こうしておけば、無駄な空白時間が生まれません。

ワンポイント★アドバイス

説明後に何か行動させる場合にも、時間や場所を示しましょう。例えば、「このあとは練習問題を解きます。時間は５分です」と指示すれば、子供は見通しをもちながら問題に取り組めます。

COLUMN II

研究授業はだれのために？

　よくある話ですが、私も若い頃に指導案検討で指導案を真っ赤になるまで指導され、自分の思ったものとはまったく違う授業をやることになったことがあります。その時、「いったいだれの授業なのか？」と思ったものです。

　当然、授業には身が入らず、結局、力量アップにはつながらなかったように思います。先輩方は親切心からあれこれとアドバイスしてくれたのでしょう。しかし、失敗しないようにという、「転ばぬ先の杖」は、その人の成長を阻害することもあるのです（子供の教育も同じです）。

　とは言っても、校内研修として行っているということも忘れてはなりません。

　学校としてテーマを掲げ、「こうすれば効果的な指導になるのでは」という統一見解のもと、一人一人が授業を行い、その結果を持ち寄り、効果を検証する。そのためには、各自が同じ方向を向いて授業を行う必要があります。

　したがって、勝手気ままな、自分のやりたい授業をやってよいわけではありません。研修のテーマにそう枠組みのなかで、各自が創意工夫をして授業を行うというルールさえ守れば、あとの行動は個々の判断に任されるということです。

　指導案を精一杯の力で書くことは大切です。何度も書き直したり、様々なアイディアを入れていったり、入念に準備したほうがもちろんよいのです。しかしそれはあくまでも自主的に、個人の裁量によって行うべきで、肝心の授業よりも指導案に力を入れるようでは本末転倒なのです。

Lesson 3

子供がどんどん食いついてくる！
教科別授業づくり成功のコツ

ここでは、教科ごとの指導力を高めるための実践を紹介しています。小学校では、担任の教師が一人ですべての教科を教える必要があります。オールラウンドの指導力を磨きましょう。

| Lesson3…実践者の声 |

> いろいろな教科に目が向くようになりました！

(男性教諭／教師歴6年目)

　小学校では、どんな教科も自分で教えなければなりません。そこで教師になりたての頃は、どの教科も一生懸命に研修していましたが、経験を積むにつれ、何となく指導してしまうことが増えていました。

　今回このレッスンを行うことで、再度、基礎・基本から学び直そうと気持ちを新たにすることができました。また、自分のまわりに初任者が増え、そういう先生方に指導する機会が増えてきたのですが、その際、このレッスンをもとに各教科についてアドバイスするようにしました。授業のコツがシンプルにまとまっているので、初任者にもわかりやすく伝えられたようです。

　授業の基本的な流れを意識することで、子供が集中するようになったり、主体的に学んだりするようになりました。今は特に国語科に力を入れて学んでいますが、これを機会に算数科や理科など、幅広く学んでいきたいとも思いました。

Lesson3-4 算数科授業成功のコツ その2 **生活との結びつきを考える**

　単位量あたりの学習は、子供にとって難しい単元です。それは、教科書にある「畳と人数」の割合の問題や燃費を考える問題は、子供にとっては必要性が薄いからだと感じました。そこでレッスンにあるように、もっと子供の生活と結びついた題材で考えさせようと、様々なジュースを用意し、単位量あたりの糖分を求めさせました。ジュースというだけで、子供の興味関心はぐっと高まります。まず、1ミリリットルあたりに糖分がどれだけあるのかを比較させていき、いくつかのジュースを糖分が多い順にランク付けさせていくのですが、子供たちは「答えが知りたい」一心で、主体的に学んでいきました。そして、その結果として、単位量あたりの利便性や計算の仕方を学んでいったのです。

　また、宿題で「身のまわりにある単位量あたりを調べる」という課題も出しました。意識してみると身のまわりには単位量あたりのものがたくさんあることに気付き、その必要性を実感したようです。

Lesson3-5 社会科授業成功のコツ その1 **資料活用が授業の要**

　まさに説明中心の授業になってしまっていたため、水産業の学習では資料の活用を意識してみました。まず、「見いだす」段階では、大手回転寿司チェーンのメニューを提示し、生活のなかで多くの魚を食べていることに気付かせました。そして、どのくらいの魚の消費量があるのかがわかるグラフを提示しました。この時点で、子供たちは自分の想像を超えた魚の消費量の多さに驚いていました。「どうやって、この量の魚を確保することができているのか？」という疑問が自然と生まれ、スムーズに水産業の学習に入ることができたのです。次に、魚の消費量が増えているという資料と、漁獲量が減っていることがわかる資料を提示しました。すると、魚の消費量が増えているのに獲る量が減少しているという矛盾から、子供たちはますます課題を追究しようという意欲を高めました。

　資料の工夫により、興味関心を高めながら様々な疑問をもたせることができ、主体的な学びを実現することができました。

Lesson 3-1

国語科授業成功のコツ その1

国語は3つのユニットで進める

45分を3つのパートに分けて取り組もう

● バランス良く指導しよう！

　国語科で、話し合ってばかりの授業を見ますが、そればかりでは力がつきません。特に小学校の低学年、中学年では、「話す、聞く、読む、書く」活動をバランス良く行わせていくことで、国語力の土台づくりをしましょう。

　そのためには、45分間の授業を3つのユニットに分けて行うことをおすすめします。

- **第1ユニット：漢字学習**
- **第2ユニット：音読や視写**
- **第3ユニット：話し合い**

　ユニットごとに取り組む内容が変わるので、子供の飽きを防止するというメリットもあります。

● ユニット別指導法

〈漢字学習〉

　1日にいくつと決めてどんどん先取りで指導しましょう。12月までにすべての漢字を指導し終えるくらいのペース配分だと理想的です。基本的な流れとしては、

①**黒板を使って書き順を教える**：教師が黒板を使って書き順を示し、子供たちはそれを見て、空中に一緒に字を書く（「空書き」と言います）。
②**鉛筆を使わずに指で机の上に字を何回か書く**：鉛筆を持つ前にすらすら書けるようにしておく。
③**ドリルをなぞり、その後はノートなどで練習する**

　なお、子供に漢字を割り振り、担当の子がみんなに漢字を教えるという方法も効果的です。

〈音読や視写〉

　国語学力の中核は、音読と視写で育てるという意識をもちましょう。

　例えば、附属小学校などで物語について深い話し合いをしている学級がありますが、そういう学級は例外なく、その物語を暗記するほど何度も音読したり視写したりしているのです。頭に物語が刷り込まれているからこそ、深い話し合いになるのです。

　ですから、その日の学習場面を最低でも3回は音読させるようにしましょう。また、特に重要な場面は視写もさせるとよいでしょう。

〈話し合いのコツ〉

　一見活発な話し合いでも、実は活躍しているのは2割くらいの子供だけです。残り8割の子は聞いているだけです。これでは、話し合う力は伸びません。

　全体で話し合う前に、必ずペアで話し合うようにしましょう。さらに、全体での話し合いの後でもペアで話し合わせます。こうすることで、一人一人の話し合う力を伸ばせます。

Lesson 3-2

国語科授業成功のコツ その2

言語活動型授業づくりのポイント

言語活動を通して
指導事項を指導する

● 教師が実際に言語活動を行う

　「主体的・対話的で深い学び」を進める上で大切なのが、子供の学びに向かう力であり、そのためには実社会や実生活に関連した学習を行う必要があります。国語科の学習は、ともすると実生活とは乖離した指導が多くなりがちでした。そのため、実生活で役立っていないという批判があり、その反省から言語活動を通して指導事項を身につけさせていくことが求められるようになりました。

　言語活動型授業の一番の問題は、行わせる活動と指導過程がちぐはぐになりがちだということです。例えば、新美南吉の作品のなかから「ごんぎつね」を選び、その魅力を語るという言語活動を行うとします。それなのに、実際には言語活動とは直接関係のない、「ごんぎつね」の詳細な読解に多くの時間を費やす授業が多いのです。言語活動にもっと結びつくような授業をしていく必要があります。

　そこで大切になってくるのが、教師がその言語活動を実際に行ってみるということです。これまでの教材研究は「ごんぎつね」の分析でしたが、今求められているのは、教師が実際に新美南吉の作品を多読し、魅力を語ってみることなのです。そして、どのような過程でその作品を選んだのか、どんな練習をして語れるようになったのか、そのためにはどのような能力が必要なのかを分析し、単元計

画に生かしていくのです。

● つけたい能力を明らかにする

　「確かに楽しそうに物語を創作したり、本の広告をつくったりしているのだが、それで何の力がついたのかわからない授業も多い」と言われます。特に国語科は、子供につけさせたい力が曖昧になりがちです。そのため、子供に国語科の授業で何をやったのかを聞くと、たいていは「『ごんぎつね』をやった」など教材について答えるか、「絵本をつくった」などと活動を答えるか、どちらかです。
　子供にとってはそれでよい場合もありますが、教師としては少なくともどんな国語の力を身につけさせるのかを意識しておく必要があります。例えば、物語を創作させる学習では、登場人物相互の関係や中心人物の変容など、物語の特徴を捉える能力を身につけさせることができます。子供の目的は「物語を創作する」ことですが、教師の目的は「物語の特徴を把握させる」ことになります。このように教師と子供では目指すことが違うという意識も大切です。

● 量が質を生む

　国語科は言葉の学習です。言葉は道具です。道具は使えば使うほど習熟していきます。使い方の説明書をいくら熟読しても、それだけでは道具は使えるようになりません。ですから、質をあまり追い求めずに、たくさんの量をこなすようにさせましょう。
　質は量を生みませんが、量は質を生むものです。たくさん書いて、たくさん読んで、たくさん聞いて、たくさん話す。そんな単元を考えていきましょう。

Lesson 3-3

算数科授業成功のコツ　その1

系統性を意識する

まずは問題解決の型を
身につけさせる

● 問題解決の思考パターン

　算数科では、問題解決のための手順はおおよそ決まっています。この基本型を45分間の授業で繰り返すことによって、問題解決の思考パターンが身につきます。その基本は、「問題提示→学習問題の把握→自力解決→練り上げ（比較検討）→まとめ」となります。
　以下、それぞれについて説明します。

〈問題提示から学習問題の把握へ〉
　授業の導入部にあたります。例えばまず、「14個のゼリーを1人に3個ずつ分けると何人に分けられますか？」という問題を子供たちに示します。そして、各自に立式させます。
　「14÷3」
　あまり時間をかけずにこのことを確認したら、既習との相違を考えさせます。これまで、「12÷3」のような問題は学習済みです。九九を使ってすぐに答えが出せました。しかし、3の段の九九には14という答えはありません。そこで、
　「九九に答えのないわり算は、どのように考えて解けばよいのだろうか？」
という学習問題を子供たちと話し合いながらつくっていきます。

なお解決が困難な問題の場合は、このあとに「どのように考えて解けばよいのか？」という解決の見通しを話し合ってから自力解決に入ります。

〈自力解決の方法〉

　まずは一人一人に問題解決に当たらせます。その際、基本としては「これまでに学んだことが生かせないか？」と考えさせます。また、式だけで考えるのではなく、具体物や半具体物の操作、図や絵などを使って考えるように助言します。1つの方法で考えられたら、他の方法でも考えるように指導します。

　同時に、支援が必要な子供には、その実態に応じてヒントを出したり補助プリントを渡したりします。

　教師にとっては、この時間が一番忙しく動き回ることになります。

〈練り上げからまとめへ〉

　個々が考えたことを練り上げ、全体化していく場面です。いくつかの解法を取り上げ、それらを比べることから、「比較検討」と呼ぶ場合もあります。

　解き方の違う子を数人、黒板を使って発表させ、それぞれの解き方の共通点や相違点を話し合います。また、どの方法が最も素早く効率的に解けるのかを話し合うこともあります。

　先の例では、どの考えでも「余りが出る」ことが確認できました。また、九九を使う方法がもっとも効率的だとわかりました。

　そこで、他の問題でも同じようにできるか確かめます。これを適用問題と言います。他の問題でもできることがわかったら、最後に「九九に答えがない余りのあるわり算も、九九を使って解くことができる」と子供と話し合いながらまとめ、一般化します。

Lesson 3-4

算数科授業成功のコツ その2
生活との結びつきを考える

生活場面との関連づけにより
興味をもたせ、思考を深める

● 実際の生活場面における活用方法へとつなげる

　各種国際調査により、日本の子供は「算数が生活に役立つ」と考えている子が少なく、興味関心が低いことが明らかになりました。そのため、全国学力学習状況調査では、実生活の様々な場面で活用する問題が出されるようになりました。確かに、何の役に立つのかわからない問題を解くよりも、実際の生活場面での活用方法が明らかなほうが意欲が増します。また、学習したことを実際に使ってみようという気にもなるでしょう。

　そこで、算数科では次の2つの視点で、生活との関連を考えていきましょう。

〈**素材を「身近なもの・こと」に変える**〉
　特別凝った素材を用意する必要はありませんし、教科書の数値は意味があって決まっていることですので、そのまま生かすようにしましょう。ただし、そこで扱う物や場面などは身近なことに置き換えるとよいでしょう。

　例えば、教科書に「12個のあめを3人で同じ数ずつ分けます。1人分は何個でしょうか？」という問題があったとします。これをそのまま示すのではなく、イチゴ栽培が盛んな地域であれば、あめ

をイチゴに変えます。また、もう少し具体的に、「近所のイチゴ農園の方が、職員室にイチゴを12個持ってきてくれました。その時、ちょうど職員室には、瀧澤先生、佐藤先生、井上先生の3人がいました。3人で同じ数ずつイチゴを分けると、1人分は何個でしょうか？」と実在の人物なども挙げて、具体的な場面として示すのです。

他にも、「垂直や平行」「三角形」などを教えたら、学校のなかでそれらを探す活動をすることなどもできます。

学校行事と関連させることも有効です。もしも遠足に電車で行ったらいくらかかるのかを考えさせたり、バス代と比較させたり、チラシを見せて300円の予算でどのお菓子が買えるかを考えさせたりするなど、ちょっとした工夫で算数が身近なものとなります。

〈子供たちに問題づくりをさせる〉

問題を教師が示すだけでなく、子供たちにつくらせるようにもしていきましょう。子供たちに任せると、自然に生活と関連した場面になっていきます。

例えば、先ほどの「2けた÷1けた」の学習でも、子供に文章題をつくらせると、漫画やゲームのアイテムなどが登場します。それをお互いに解き合えば、興味をもって取り組みます。

「比例」を勉強した時には、「伴って変わる2つの量」をたくさん挙げさせました。しかし、子供の考えることですので、実際には比例ではない事例も出てきます。そこで、子供から出されたものを一覧にし、比例かそうでないかを判断させていきました。

このような問題づくりの活用法もあります。教師がいつでも問題をあたえてくれるという受け身の姿勢から、問題づくりにより、主体的に取り組んでいく子供たちを育てていきたいものです。

Lesson 3-5

社会科授業成功のコツ その1
資料活用が授業の要

単元の流れ
45分の流れを押さえよう

● まずは授業イメージをもつ

　社会科指導に悩む先生が多いようです。「教師の説明中心の授業になってしまい、子供がのってこない」「教科書をどう扱っていけばよいかわからない」などという声を聞きます。その一方で、校内研修で社会科を扱っている学校は多くないようです。こうしたことから、何となく授業を進めてしまっているのではないでしょうか。

　そこで、まずは単元をどう流していくのか、45分の授業をどう展開していくのか、具体的なイメージをもつようにしましょう。

　単元の流れですが、大きく分けると、

　　1　見いだす　　2　調べる　　3　まとめる

この3つの段階があります。「見いだす」では、社会的事象に出合い、学習問題を考えます。そして、何をどう調べていくかを決めます。「調べる」では見学したり資料を集めたりして、追究活動を行います。そして最後に「まとめ」ます。

　では、それぞれについてもう少し詳しく説明しましょう。

①社会的事象と出合う

　例えば、小学校3年生で「わたしたちのくらしとお店の仕事」という単元を行います。主にここではスーパーマーケットの仕事について学習するのですが、まずは最初の出合いとして「1週間の間に、

各家庭でどんな買い物をしたか？」を全員に調べさせ、それをまとめたものを掲示します。

②学習問題を考える

①の資料から様々な疑問や、もっと知りたいことを挙げさせます。いくつか出されたなかから、単元を貫く学習問題を決めます。子供から出なければ、教師がリードしてもよいでしょう。この学習では「スーパーマーケットでは商品を売るために、どんな工夫をしているのだろうか？」としました。

③学習の計画を立てたり、予想したりする

単元を貫く学習問題を解決するために、何をどう調べればよいのか、子供たちと話し合いながら決めます。①の資料を見た時の、疑問点がヒントになり、今回の単元では、「お店を見学して働く人や商品の並べ方の工夫を調べる」「店員さんにインタビューして売り方の工夫を調べる」「商品のチラシから工夫を見つける」となりました。

④問題を解決するための追究活動を行う

この追究活動が単元の中核です。ここでの45分の流れは、「見いだす」「調べる」「まとめる」という単元全体の流れとほぼ同じです。この活動を繰り返すことで単元全体の問題が解決していきます。

⑤わかったことや調べたことをまとめる

追究してきたことをまとめ、学習を振り返ります。今回の例で言えば、「どんな工夫をしていたのか？」を箇条書きでまとめていくような方法が考えられます。また、新聞にまとめていく場合も多いでしょう。いずれにせよ、最後になって「では、新聞にまとめましょう」と指示するようでは計画的な学習とは言えません。図でまとめるのか、新聞でまとめるのか、ノートにまとめるのか。その方法によっても、何をどう調べるのかが変わってくるからです。

Lesson 3-6

社会科授業成功のコツ その2

ネタを集める

社会科授業では資料活用が
授業の要となる

● 社会科の授業は資料が決め手

　社会科では資料が要です。どのような資料を用意するかによって、授業の深まりが変わってきます。しかし、ひとまとめに資料と言っても、実はいくつかの種類があるのです。
- **見いだす段階での資料**
- **追究する段階での資料**
- **まとめる段階での資料**

以下、それぞれについて詳しく説明しましょう。

〈見いだす段階での資料〉
　単元の始めに示す資料です。子供たちは、この資料を見て、様々な追究をしたい問題を考えていくことになります。ですから、子供の興味を引くような、多くの疑問がわく資料がよいでしょう。
　基本は、教科書や資料集から探していくことになります。ただし、詳しい解説があると子供の思考の邪魔になりますので、絵だけ、あるいはグラフだけを示し、解説はあとで確認させるようにしましょう。
　例えば、6年生の歴史学習での実践です。資料集にある奈良の大仏の写真を実物投影機で示しました。そして、いろいろな考えを引

き出すために、「気付いたこと、わかったこと、疑問に思ったことを挙げなさい」と指示しました。すると、「なぜ、このような大仏をつくったのか？」「どうやってつくったのか？」「いくらくらいかかったのか？」など様々な疑問が出されました。

なお、有田和正先生の授業のネタについての著書にはこうした資料が豊富に載っています。ぜひ参考にしてください。

〈追究する段階での資料〉

まずは教科書を徹底的に調べさせましょう。資料を比べたり、注釈まで詳しく読ませたりするのです。

調べることがあまり身についていないクラスならば、「このグラフからわかることをすべて書きなさい」「店長さんがインタビューに答えている文章が載っていますが、そこからわかることや、もっと知りたいことを書きなさい」など、1つ1つの資料をじっくりと扱っていきます。

教科書の資料に習熟したら、資料集やインターネットも活用します。また各種辞典や辞書も必要に応じて活用させましょう。

なお、追究段階では、紙の資料だけでなく、実際に見学する、体験してみる、インタビューするなども資料と言えます。

〈まとめる段階での資料〉

単元の最後にまとめをしていく時に使う資料です。

例えば、追求過程でわかったことを模造紙に表としてまとめてあれば、そうしたものを使って、単元を容易に振り返ることができます。子供のノートも同様に振り返りの資料となります。

また、まとめをつくる際に、どのようなまとめ方をするのかの見本として、教師作成の新聞や、前回の学習でつくったパンフレットなどを資料として活用することもできます。

Lesson 3-7

理科授業成功のコツ その1

予想を重視する

授業の進め方は
科学研究の進め方である

● 疑問をもたせ、仮説を考えさせる

　科学研究の方法は、「疑問→仮説→実験・観察→結果・考察」という手順で行います。そうしたことから、教科書などを見ても、理科の授業はおおよそこの流れで進めることになっています。

　まずはこの流れを子供たちにしっかりと認識させ、思考パターンの1つとして身につけさせるように意識しましょう。

　例えば3年生の「物と重さ」で、いろいろな形をした粘土を用意しました。細長いものや丸いものなど形は様々ですが、どれも100グラムです。これらの粘土を、どれが一番重いか予想させながら計っていきます。すると、すべて100グラムであることに子供たちは驚き、「なぜ形が違っても同じ重さなのだろう？」と疑問をもちました。そこで、「細かくいくつにもちぎってしまっても、100グラムのままだろうか？」と問いました。これに対し、「変わらない」「軽くなる」「重くなる」の3つの予想が出ました。これが仮説です。

　ここで、各自にどれが正解なのかを選ばせ、ペアやグループ、そして、クラス全体で話し合いました。

　話し合いをした結果、予想を変える子もいますし、どんなに論破されても意見を変えない子もいます。ですから、実験をする意味が出てきます。

● 実験・観察から結果・考察まで

　この段階は実験さえうまくいけば、さほど難しくはありません。粘土をばらばらにしても、ひとまとめにしても重さが変わらないことが実験の結果明らかになり、討論に決着がついたわけです。

　この結果から、考えを深めることが考察です。この実験の場合は、他の物ではどうだろうかという考察により、次の実験につながっていきました。

● 問題と選択肢を用意しておくことも

　子供たちに疑問をもたせ、そこから仮説を導くことが理想です。しかし、うまくいかない場合も多いですよね。そこで、子供たちがこうした授業に慣れるまでは、問題と選択肢を教師が用意してしまうという方法も有効です。

　例えば、5年生の「振り子」の学習では、「振り子が一往復する時間を変えるには、どうしたらよいだろう？」という問題と、その選択肢として、

①おもりの重さを変える
②ひもの長さを変える
③振れ幅を変える

を示します。そしてどれか1つを選択させて、どれが正しいか討論させるのです。ここで真剣に討論することで、結果が知りたいという気持ちがふくらみ、実験に積極的に取り組むようになります。

　なお、この手法は「仮説実験授業」というものを参考にしています。

Lesson 3-8

理科授業成功のコツ その2

知識を日常生活と結びつける

子供に自由に試行させる授業を取り入れる

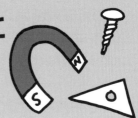

● 実体験が不足している子供たち

　物の温まり方の授業をした先生から、こんな話を聞きました。「(温まった水は上のほうに行くことを確認してから) お風呂に入った時に、お尻のほうだけ冷たいっていうことあるでしょ」と子供たちに言ったら、「お風呂のお湯はいつでも全部温かい」という返事が返ってきたそうです。お風呂の温度は自動調節、いつでも循環しているそうで、そういう子にはお尻が冷たい実感は伝わらないのでしょう。

　こうしたことはほんの一例で、今の子供たちには体験が圧倒的に不足しています。もっともっといろいろな体験をさせ、そのなかで科学的な見方を育てていきたいものです。

　そこでおすすめなのが、自由試行という方法です。

● 自由にたっぷり遊ばせる

　自由試行とは、1960年代にアメリカで開発され、その後70年代に日本にも紹介された理科カリキュラムのことです。非常にざっくりと言ってしまえば、子供たちに自由に実験をさせ、出てきた疑問を実験で確かめていくという方法です。

体験量を多くするには、一人一人に実験道具を行きわたらせることが理想ですが、せめて4人に1つはあたえられるとよいでしょう。
　実際の授業のやり方は、次のようになります。
　3年生の「磁石の性質」の学習を例に、説明しましょう。まずは、1人に1つの磁石を渡します。それから、「くぎ、クリップ、はりがね、アルミホイル、定規、コップ、銅板」などをできる限り多く用意しておきます。そして、どれが磁石に付くのか自由に試させるのです。もちろん、用意したもの以外にも、自由に様々なもので試してよいことにします。また、友だちと一緒に実験したり、相談したりしてもよいことにしておきます。学び合うなかで、自分一人では気付かない観点をもつことができるからです。この時、実験のなかでわかったこと、気付いたこと、疑問に思ったことは、どんどんメモさせていきます。
　こうした授業は騒がしく、遊んでいるようにも見えますが、たっぷりとこの活動を行えば、子供たちは教師が教えなくても、「磁石に引きつけられる物と引きつけられない物がある」「鉄は磁石に引きつけられるが鉄以外の金属は引きつけられない」ということに気付いていきます。
　ある程度遊び尽くしたところで、「わかったこと」は全体で確認し、実際に確かめます。次に「疑問に思ったこと」を出し合い、可能ならば実験してみます。先の例で言えば、「本当に鉄以外の金属には付かないのか」という疑問が出ましたので、アルミニウム板なども用意し、磁石に付くか確かめさせました。
　今後は、「主体的・対話的で深い学び」が大切だと言われますが、自由試行はまさにそうした学びを可能とする方法です。体験したことほど身につきやすいために、知識の定着という面からも有効です。ぜひとも、この単元は自由試行でできないかと考えるようにしてください。

COLUMN III

柔軟に教えよう！

　学校には、「〜ねばならない」ということが多いように感じます。
- **靴は揃えねばならない**
- **自分から挨拶できねばならない**

　まあこのくらいは納得できないこともないですし、実際に私も指導してきました。しかし、「なぜ、そうしなければならないのか？」という自省は必要です。
- **なぜ靴を揃えねばならないのか？**
- **なぜ自分から挨拶できねばならないのか？**

　これに即答できないようでは、形式的な指導しかしていないことになります。

　ところで、次のような「〜ねばならない」はどうでしょうか。
- **国語ではいつも大きな声ではっきりと音読できねばならない**
- **漢字指導では書き順や、はねなどの指導を確実に行わねばならない**

　こういう指導もよく行われています。しかし、本当にいつも大きな声がよいのでしょうか。小さなぼそぼそとした音読のほうが、内容から考えると適しているという場合もあるはずです。漢字のはね、払いについては、文化庁文化審議会が細かな違いに正誤はないとしています。

　それなのに、硬直的な指導を行う教師がまだまだたくさんいます。それが本当に「ねばならない」ものなのかをよく考え、柔軟に対応できるようにしたいものです。そのためには、普段から本質的にものを考える癖をつけることが大切だと思っています。

Lesson 4

子供がみるみる目を輝かせる!
「主体的・対話的で深い学び」を目指す授業展開術

ここでは、これからの教育に求められる「主体的・対話的で深い学び」に関わる実践について紹介しています。「主体的・対話的で深い学び」は特定の型を指すものではありません。この実践をヒントに自分の授業をつくっていきましょう。

Lesson4…実践者の声

「主体的・対話的で深い学び」への不安がなくなりました！

（女性教諭／教師歴12年目）

　「主体的・対話的で深い学び」とはどういうことなのだろうか。自ら深い学びに向かう姿を、自分が受け持っている子供たちが実現できるだろうかと不安でした。

　しかし、試行錯誤しながら実践をしていくなかで、これまでやっていたことを、ほんの少し意識すればよいのだと気付きました。

　例えば、私は国語科を主に研究していますが、「出版学習」には何度か取り組んだことがありました。そして確かに「出版学習」も見方を変えれば、十分に「主体的・対話的で深い学び」になるということがわかりました。

　見かけだけではなく、本当に「主体的・対話的で深い学び」にするには、子供たちの実態や学習内容が大きく関わると感じたのです。いずれにしても、「身につけさせたい力」を教師が明確にもち、それをかなえるために必要な手立てを仕組んでいくことが重要だと思います。

　これからも、このレッスンを手がかりに自分自身の「主体的・対話的で深い学び」をつくり上げていきたいです。

Lesson4-4 ペア対話を極める

　ペア対話は常に取り入れて授業を行っています。しかし、情報交換としてのペア対話は身についていますが、マンネリに陥っていました。また、話題によっては対話が続かないこともありました。
　そこで、もう一度このレッスンをしっかりと行っていきました。席の隣だけではなく前後で行ったり、移動して自動的にペアが変わっていくようにしたりして、様々な人と対話させていったのです。話すのは同じ内容ですが、相手が変わることで新鮮に行うことができました。また、話すたびに、内容が精査され、わかりやすく伝えられるようにもなりました。

Lesson4-6 ティーチャーからファシリテーターへ

　授業で教師主導になることが多かったので、子供の意見を引き出すように心がけました。「例えば？」「なぜそんなことを思ったの？」「どこからそう感じたの？」といった質問を意識して行ったのです。初めは「なんとなく」と答えることが多かったのですが、繰り返すことで子供たちは少しずつ根拠を発表できるようになりました。意見を交通整理する際には、似たような意見をまとめたり、二択にしたりすることが効果的でした。
　学級会での話し合いでは、子供たちが私のやり方を真似て、意見をまとめる姿が見られるようになりました。そのため、みんなで話し合いをつくり上げていく雰囲気ができてきました。

Lesson4-7 表現をゴールにおいてみる

　表現をゴールにおくことで目的が明確になり、子供たちが意欲的に取り組むようになりました。特に私は、学校行事を最大限活用するようにしました。例えば、運動会での学年種目で勝利するためのコツを冊子にまとめるという、国語科と体育科を組み合わせた実践です。つくった冊子はこれからの６年生に代々受け継いでもらおうというねらいも設定しました。本づくりに、実際の活動を組み合わせることで、ますますやる気になりましたし、最終的に優勝を飾ることができた非常に良い取り組みとなりました。

「主体的・対話的で深い学び」とは何か

根本・本質から
自分で考える

● 不易と流行

　総合的な学習の時間が導入された時のことです。どの学校でも「総合」が校内研修のテーマになりました。また、校外の研修会も「総合」と名の付くものが実に多くなりました。

　「主体的・対話的で深い学び」(もしくは、アクティブ・ラーニングという言葉)にも同じようなことが起きています。もちろん、こうしたことが求められる背景というものがあります。今求められる学び方でもあるでしょう。

　しかし、それがすべてというように、一気に舵を切ってしまう傾向が教育現場(特に小学校)にはあります。

　これからの教師は、どんな時も「対話的」に教えねばならないという風潮になりかねないことを危惧しています。

● 原点にあたる

　こうした新しい言葉が出てきた時に、心がけてほしいのが原点にあたるということです。

　今回の学習指導要領には前文が加えられました。また、総則では「主体的・対話的で深い学び」について言及されています。まずは

そこを何度も読み、自分なりの解釈を考えましょう。

その際のヒントとして、私なりの考えを述べておきます。

子供たちがなぜ、「主体的・対話的な学習を通して深く学んでいくこと」が必要なのでしょうか。

それは、これからの変化の激しい社会で生き抜いていくためには、主体的に物事に関わり、他者と協力しながら学び続けていく必要があるからです。

例えば、Aくんは歴史上の出来事を教師に一方的に教えられ、それを何度も唱えて覚えました。Bくんは、自分なりにその出来事が起きた理由を予想してから、友だちと一緒に資料を探し、議論し、結論を出しました。そうした活動のなかで、知識も定着しました。

知識の定着だけ見れば、AくんもBくんも、同じかもしれません。しかし、その出来事に対する認識はどちらが深いでしょうか。表面的な理解では活用することはできません。また、どちらのアプローチのほうが、将来役に立ちそうでしょうか。Bくんは知識を定着するだけではなく、人と協力したり、これまでの知識を活用したり、資料を集めたりという活動をしています。こうした活動こそ、学び続けていかねばならない社会にとって必須の能力と言えます。

つまり、何を学ぶかだけではなく、どうやって学ぶかが大切なのです。

ワンポイント★アドバイス

名人と言われる人の授業では、一斉授業においても、子供たちは「主体的・対話的で深い学び」をしています。対話的・協働的な授業だけでなく、一斉指導の基礎的授業術を極めていくことも大切にしていきましょう。

Lesson 4-2

主体的な学びをつくる

子供をどうやって主体的にしていくのか

● 興味をもたせる

　「主体的・対話的で深い学び」は、それを一体的に行うほうがよいことはわかりますが、ハードルが高い取り組みです。そこで、まずは子供たちが主体的に学ぶような場づくりを工夫するようにしましょう。主体的な取り組みのための王道は興味をもたせることです。そのためには次のような方法を取り入れましょう。

①**課題をつくらせる**：自分で考えた課題というものは、自分で解決したいと思うものです。特に「総合」などはそうした自由度が高いので、「主体的・対話的で深い学び」とは何かを考えていく上でのキーポイントとなります。算数科で問題づくりをさせる、理科の自由試行をさせ課題づくりをさせるなどの工夫も考えられます。

②**活動の目的を明確にする**：国語科で言えば、単に作文を書かせるのではなく、書いたものを綴じ込み、1冊の本にするなどの目的をあたえると、子供たちはやる気になります。

③**実生活との関連を考えさせる**：②の活動の目的とも関連しますが、実生活との関わりが見えると、興味をもつようになります。例えば、理科の重さの学習で、体重計を1つで計るのと、2つにまたがって計るのとでは同じかと考えさせる。算数科で実際に遠足でかかる費用を計算させるなど、生活で役立つ実感をもたせましょう。

● 見通しをもたせる

　研修に参加する時、終了の時間も、研修内容も不明だったらどう思いますか。こんな状態で「主体的に参加せよ」と言われても、難しいことです。授業も同じで、子供たちにその時間で行うことや、どんな順番でやっていくのか、どうなったらよいのかなどの見通しをもたせることが大切です。見通しをもつことができるからこそ、主体的な取り組みができるのです。

● 学びを振り返り、次につなげる

　1回の学習で学んだことをしっかりと振り返りましょう。例えば、温かい地方の暮らしを学んだとします。知識だけではなく、どのように学んだのか、どんな方法を身につけたのかも振り返ります。すると、次は違う地方について調べていこうという主体的な気持ちがわいてくるものです。

　また、学びについての自己評価をさせることも有効です。子供たちが、今回は資料集めが不十分だったから、次回は図書館司書の先生の力を借りようなど、次へとつなげることができます。

ワンポイント★アドバイス

試行錯誤をする機会があるというのは、主体的な学びにとって大切なことです。あれこれと試してうまくいけば、次からはさらに積極的にチャレンジするようになります。

Lesson 4-3

対話的な学びをつくる

対話をキーワードに
授業を改善していこう

● 対話のある授業とは？

　「主体的・対話的で深い学び」導入の意味の1つに、人や社会との関わりを深めさせるということがあります。対話的な学びというキーワードが出てきた時に、それは「子供同士の学び合い」であるという受け止め方をした方がいました。確かにそういう側面は強いのですが、それがすべてではありません。

- **教師と子供の対話**
- **保護者や地域の人と子供の対話**
- **本を通しての歴史上の人物との対話**

　このような様々な相手が考えられます。また、環境問題などを考える学習は、社会との対話と言うこともできます。
　つまり学びの場を様々に開いていくということなのです。
　こう考えると、いろいろな授業アイディアがわいてきます。

- **実生活と関係する学習にできないか**（地域の方や社会との対話）
- **教科書だけでなく様々な本や資料を使えないか**（本や資料との対話）

　対話という視点から、ぜひいろいろな工夫をしてみましょう。

● 対話の基本としてのペア対話を導入する

　様々な視点の対話が大切ですが、基本となるのはペアでの対話だと思います。相手の話をじっくりと聞く、それを受けて自分の考えを伝える。そうしたやりとりは、その他の対話的場面でも応用できます。

　まずは、「情報交換としてのペア対話」に取り組ませましょう。例えば、「きつねのおきゃくさま」という物語文の導入で、「きつねの出てくる話を読んだことはありますか？　どんなきつねでしたか？」と聞いて、きつねのイメージについて話し合わせます。これが、気楽な情報交換の場としてのペア対話のイメージです。

　ペア対話は、いつも決まった相手とばかり対話するようではいけません。どんどん相手を替えて対話をさせていきます。例えば、隣同士で対話をしたら、右側の子は1つ後ろに移動します。一番後ろの子は一番前に移動します。するとペアがずれますので、違う相手とペア対話ができます。1分ずつ交替していけば、3分で3人と対話ができます。

　こうして、だれとでもペア対話ができるようにしておきます。それが対話的学習の大前提です。

ワンポイント★アドバイス

ここで親和的な雰囲気がつくれないと、対話的な学びの実現は難しいでしょう。良好な人間関係がなくては、助け合い、学び合いができないからです。そのためには、相手の話に反応する、否定しないなどのルールをあらかじめ確認しておきましょう。

ペア対話を極める

いろいろな対話に
挑戦していこう

● 相互作用的なペア対話へ

　気楽なおしゃべりで、親和的雰囲気ができ、だれとでもペア対話ができるようになったら、お互いの話をかみ合わせるステップに入りましょう。そのために、次のような段階でペア対話を行わせます。

①あたえられた課題について個々に考える
②ペアになり、課題について話し合う
③教師に指名されたペアは話し合った内容について発表する

　まず、個人思考の時間をとります。反射的に答えるのではなく、自分の頭で考え、意見をもつからこそ対話する意味が出てきます。また話し合いのあとに、次のような視点で発表させることが大切です。

- ・相手がどんなことを言ったのか？
- ・相手の話を聞いて自分がどんなことを考えたのか？
- ・相手に助言したいことはあるか？
- ・新しく出てきた考えはあるか？

　相手の意見をしっかり聞いたり、それを受け止め、自分なりの考えをもったりしないと、指名された時に何も発表できないことになります。つまり、こうしたステップを入れることで、次第に単なる情報交換ではない、対話を通して相互に影響し合う、相互作用的な

話し合いができるようになっていくのです。

● **討論的対話、合意形成的対話など話題を工夫しよう!**

　授業では、討論的対話と合意形成的対話を使うことが多くなります。討論的対話とは、ある話題に対し賛成と反対に分かれ、どちらが説得力があるかを話し合っていく対話のことです。この場合は、結論を出す必要はありません。相手を論破し、意見を統一することも、それぞれが平行線のまま話し合いが終了することもあります。

　一方で、合意形成的な対話には、結論が必要です。例えば、「運動会のスローガンをペアで決めなさい」という内容の場合、最終的にスローガンを決めねばなりません。その話し合いの際、注意させたいのが、どちらかの意見を採用するのではなく、それぞれの考えをすり寄せるということです。

　今後の多様化する社会においては、相手を負かすのではなく、互いにとって良い関係（Win-Win）を目指す話し合いが必要になります。ですから、討論的な話し合いよりも、こうした合意形成的な話の経験を意図的に積ませていきたいものです。こちらの話し合いは、討論よりも相互作用的だと言えます。

ワンポイント★アドバイス

深い対話に必要なのは、異質なペアです。異質なもの同士が対話するから相互作用が起きるのです。ですからペアをつくる時には、考えが異なる者を組み合わせるのが望ましいです。また同意見でも、考える角度が違うペアがよいでしょう。

Lesson 4-5

深い学びをつくる

活動あって指導なしを
回避する

● 指導事項が身についたかどうかから

　「主体的・対話的で深い学び」のなかでもっとも重視されるのが「深い学び」です。それは当然と言えば当然のことで、いくら「主体的・対話的」であっても、ほとんど何も学んでいなければ、いわゆる「活動あって指導なし」という授業なのです。

　しかし、この「深い学び」というのが一番やっかいです。どうしたら深い学びになるのか、何をもって深い学びとするのかを考えていかねばなりません。

　まずは、シンプルに考えましょう。例えば国語科ならば、「主体的・対話的」な学習を通して、「国語科としての指導事項が身についたか」で判断します。「深い」にこだわりすぎると、難しい授業になってしまいます。

　その上で、できる子には負荷をかけていきます。例えば、国語科で本の帯づくりをさせることがありますが、全員が同じ作品でつくり方を学んだら、今度は各自の好きな作品でつくらせるのです。また、低学年用の帯と高学年用の帯をつくるなど、読み手によってつくり方を変えさせます。

　このように、各教科で習得した知識や考え方を活用することができれば深い学びになっていきます。

● **正解を求めない学びの追究**

本当に深い学びとは、ずっと問い続けなければならないようなものではないかと思います。つまり正解のない問題の答えを求め続けるような学びです。

変化の激しい時代において、何が正解かなどはだれにもわからなくなってきています。ですから常に問い続け、学び続けるような学力こそ必要であり、それこそが深い学びだと思うのです。

こうした学びには、総合的な学習の時間が有効に機能するでしょう。地域の様々な課題に主体的に関わるような学習には、一概に何が正解かは言えないようなことも多いからです。

しかしそうした大きな学習だけでなく、国語科や社会科のなかでも、正解のない学習はできます。例えば「ごんぎつね」のラストシーンは、教科書に掲載されている文と草稿は違っています。教科書は、「ごんは、ぐったりと目をつぶったまま、うなずきました。」なのに、草稿では、ごんは「うれしくなりました。」と書いてあるのです。教科書版は編集者に手直しされたものなのですが、果たしてどちらのほうが作品に相応しい終わり方なのか、正解はありません。考えた時の年齢や状況でも変わるでしょう。

ワンポイント★アドバイス

正解のない問題を考える楽しさを積極的に設け、子どもたちにたっぷりと味わわせましょう。それこそが深い学びなのです。

Lesson 4-6

ティーチャーから
ファシリテーターへ

ファシリテーターとして
子供に接していこう

● 学びを深めるための教師の役割

　主体的で対話的な学びを実現するには、教師が自身の教授観を変えなければなりません。これまでの教師主導の授業では、教師から子供へという関係性が強く、子供同士の結び付きが弱かったという側面があります。子供同士が話し合う場面があったとしても、教師の取捨選択によって、教え込んでいくような授業になります。

　一方で、主体的で対話的な学びのためには、自由に意見が言える、伸び伸びとした雰囲気が必要です。そこで、教師に求められるのは、話し合いを見守りながら促進するファシリテーターとしての役割です。ファシリテーターとは、会議やシンポジウム、ワークショップなどにおいて、中立的な立場で、合意形成や相互理解に向けて議論を調整していく役を担う人のことです。

● ファシリテーターとして何をするのか？

①共感的に受け止める

　まずは、自由な空気のなかで発言できるようにしなければなりません。そこで「いいね！」「なるほど！」「おもしろい！」などの肯定的な言葉で子供たちの言葉を受け止めていきます。なお「おもし

ろい！」という反応は、子供の発言を評価することであり、自由さが失われるという考えもあります。しかし、自然なかたちでの教師の肯定的な反応はあったほうがよいと私自身は考えます。

②引き出し、広げる

様々な意見を出していくために、子供に質問を投げかけます。その際、特にこの段階ではオープンクエスチョンを使います。「なぜ〜？」「例えば？」「具体的には？」などYESかNOかではなく、自由に答えられるような質問です。これにより、話が広がっていきます。

③かみ合わせ、整理する

話が広がりすぎて、収拾がつかなくなる場合もあります。そうした時は、多様な意見をつなげたり、論点を明確にしたりします。

例えば、「AさんとBさんの意見を比べるとどんなことに気付くかな？」「出てきた意見に共通していることは何かな？」など、交通整理をします。クローズドクエスチョンで、「要するに、〜だと思ったんだね」とさらに絞り込む場合もあります。

④語る時は学習者の一人として

ファシリテーターは指導者ではありません。見守る人なのです。ですから、話し合いが停滞した時に、もしも口を挟みたくなったら、学習者の一人として語ります。ですので、教師の考えに反対意見が出てもよいのです。それを受け止める大らかさが必要です。

ワンポイント★アドバイス

本項は教えること、ティーチャーとしての役割を否定するものではありません。教えるべき時にはしっかりと教えることが大切です。しかし、任せるべき時には、見守る支援者となることが今後求められるということです。

Lesson 4-7

表現をゴールに おいてみる

課題解決学習の
ヒント

● 出版学習で「主体的・対話的で深い学び」を

　「主体的・対話的で深い学び」を実現するための単元計画をどうつくっていくのかに悩む先生も多いことでしょう。
　そこでおすすめしたいのが、本づくりをゴールにもってくる単元です。出版学習とも言うその方法は、様々な教科に応用可能ですし、「主体的・対話的で深い学び」と親和性の高い学習です。
　ここでは、私が実践した、「おすすめの宮沢賢治の作品ベスト3を紹介しよう」という国語科の学習を紹介します。

①「雨ニモマケズ」を読み、宮沢賢治の願いを考える
②宮沢賢治の願いがよく表れている作品を探し、そのベスト3を紹介する本をつくるという目的を知る
③どのような学習活動を行えば本が完成するのか、完成した本をどう活用するかを考える
④各自で宮沢賢治の作品を読み進め、同じ作品を読んだ友達と作品の感想を話し合う
⑤おすすめの作品を紹介する本を作成する
⑥完成した本をお互いに読み合う
⑦完成した本を図書館に置き、読んだ人に感想カードを書いてもらう

⑧今回の学習を振り返る

　ざっと紹介しましたが、本づくりという明確な目的があることで、子供たちが主体的に取り組むようになります。また、ゴールが明確なので、見通しをもって学習を進めることもできます（②や③の学習）。

　ある観点をもって作品を読み進めるというのは、作者との対話になります。同じ作品を読んだ友達と話し合ったり、本の完成後に読み合う活動は、まさに対話的な学習です。さらに感想カードを書いてもらうことで、読者との対話も可能となります（④や⑥⑦での学習）。

　最後に、どんなことを学んだのか、今後に活用できることは何かと振り返ることは、深い学びにもつながります。また、次の活動の意欲にもつながります（⑧の学習）。

　このように、出版というゴールを目指すなかで、総合的に「主体的・対話的で深い学び」が実現できるのです。

　国語科が一番イメージしやすいと思いますが、「跳び箱の跳び方のコツ」を体育でまとめる、「物の溶け方の実験と結果」を理科でまとめるなど、他教科でも実践可能です。いろいろな場面で取り組んでみてください。

ワンポイント★アドバイス

本と言っても、簡単なもので構いません。例えば、A4判の紙を２つ折りにしただけで、４ページの本ができあがります。その紙を重ねて、中綴じ用のホチキスで留めれば、８ページの本ができます。

Lesson 4-8

助け合える
学級をつくる

助け合う学級風土がなければ
対話的な学習の実現は難しい

● **助け合えるクラスにしよう！**

　対話的な学びが、社会や先人との対話まで視野に入っているとはいえ、やはり教室で多く行われるのは、子供たち同士の話し合いであったり、協働的な学び合いだったりするでしょう。その際、どのクラスでもすぐに学び合いができるでしょうか。

　例えば、グループの話し合いに入っていけない子はいませんか。勉強の得意な子が苦手な子に教えてばかりいるということはありませんか。喧嘩が起きてしまうことはありませんか。

　お互いの弱みを見せ合え、足りないところを補い合える関係。互いの違いを認め合える関係。そんな関係が結べている学級でないと、本当の意味での「対話的な学び」の達成は難しいでしょう。

● **困ったら助けてくれるクラスか？**

　教師が手助けをしてほしいなと思う時に、さっと手伝ってくれる子はいますか。教師に対してすらそういうことができないクラスであれば、友だち同士の助け合いなどはできないと思います。そのためには、まずは教師がさっと子供たちを手助けするようにします。そこからじっくりと育てていきます。

● お互いに認め合い、ほめ合えるか？

　お互いの良さを認め合い、ほめ合う時間があるでしょうか。
　例えば、「友だちの良いところカードを書こう」という実践をしたことがあります。1週間に5人ずつなどと決め、その子の良いところを探すのです。月曜日に5人の名前を書いたカードをクラス全員に配付し、気付いたことを書き込んでいきます。それを金曜日に回収し、台紙などに貼ります。そして、翌週の月曜日に教師が内容を紹介しながら、その台紙を本人にプレゼントします。こういうことを続けると、助け合う学級風土がつくられていきます。

● 悩みごとを相談できるクラスか？

　学び合いにおいて、「わからない」という弱みを安心して見せ合える関係は重要です。
　そこで、クラスメイトの悩み（学校、学級に関わることでも、個人的なことでもよい）をみんなで話し合い、解決していく「クラス会議」を定期的に行うことも効果的です。自然と助け合う学級風土がつくられていきます。

ワンポイント★アドバイス

本項では、助け合う学級づくりについて述べましたが、授業を通して助け合える関係、学級風土をつくることこそ本筋です。拙著『まわりの先生から「あれっ、授業うまくなったね」と言われる本。』も参考にしてください。

真の国際人とは

　台湾の日本人学校に赴任してすぐ、日用品を買いにスーパーに行きました。その買い物の途中で、急にトイレに行きたくなりました。しかし、いくら探してもトイレは見つかりません。店員に聞こうと思っても、私はまったく中国語がわかりません。もう我慢の限界というところまで自力で探し続け、最終的には駐車場の隅にある小さなトイレを発見し、事なきを得ました。

　それから少したった頃、私の母親が日本から遊びにやってきました。母親と現地のデパートに買い物に行き、最後にアイスクリームを買って帰ろうという話になりました。しかし、自宅までは30分くらいかかります。ドライアイスが必要ですが、またしても私はそんな中国語は知りません。すると我が母は、「ドライアイスちょうだい！」と日本語で注文し始めました。しかし、店員は日本語がわかりません。スプーンを持ってきました。それに対し、「ちがうちがう、ドライアイス」とスプーンを突き返す母。ゼスチャーを交えながら、何度かやりとりをしていると、ついに店員はドライアイスを持ってきたのです。「そうそう、それそれ！」と言って満足そうに微笑む母を見て、真の国際人とは、こんなおばさんパワーをもった人のことかもしれないなと思いました。

　外国語は話せたほうがもちろん便利です。でも、どうしても伝えるのだというメンタルのほうこそ大切なのではないかと思います。今後求められるであろう「未知の状況に対応できる力」もそうです。何とか解決しようという強い意志こそが、その土台となるのではないかと思います。そんなタフな子供を育てたいですね。

Lesson 5

「主体的・対話的で深い学び」に生かす!
思考力養成&協働学習のポイント

ここでは、「主体的・対話的で深い学び」に生かすことができる思考力養成や協働学習を成功に導くための実践を紹介しています。ちょっとしたコツを知ることで、子供たちをより主体的な学びに導くことができます。

Lesson5…実践者の声

子供たちが主体的に学ぶようになりました!

（女性教諭／教師歴5年目）

　このレッスンを実践することで、以前に比べ、主体的に生き生きと活動している子供たちの姿が多く見られるようになりました。

　特に一人一人の活動量や発言量が増えたことを実感しています。それは、一人に1つの課題を任せたり、少人数で話し合わせたりするためです。発言量が増えるだけではなく、それにより主体的な取り組みにもつながっています。

　また、みんなで協力することで、学ぶ力や物事を深く考える力も高まったように感じています。一人では思いつかないことも、何人かが力を合わせると、いろいろなアイディアが出てくるようでした。

　私自身も、どの教材をどの手法で学ばせるとより効果的なのかを深く考えるようになりました。教える授業はもちろん、自分たちで主体的に学べる授業にするには、どうすればよいのか。教材研究にも力が入り、授業展開の幅が広がりました。

Lesson5-2 同じところと違うところを比べさせる【比較】

　国語科で「新聞を読もう」という学習をしました。初めは1つの記事だけ示して分析させましたが、あまり意見は出てきません。そこで、2つ目の記事を提示して共通点と相違点を考えさせると、驚くほど様々な考えや意見が出てくるのです。対比させることで1つでは見えなかった書きぶりや構成の違いなどがはっきりわかり、多くの意見を引き出すことができました。2つのことを比較・対比することで、思考力の高まりを感じることができました。思考ツールが自分で使いこなせるようになれば、さらに思考力が高まるのではと期待しています。

Lesson5-7 互いに助け合う【ジグソー】

　社会科の「水産業のさかんな地域」の学習で実践しました。一人一人に課題をあたえ、最終的にはメンバーに学んだことを伝えるというジグソー学習。子供たちは責任の重さを感じながらも、生き生きと自分の課題を調べていました。また、専門家チームで調べたことを話し合うことで、より考えが深まっていました。最後にホームチームに戻り、学んだことを伝える時には、ドキドキしている様子が伺えました。聞く側も友だちから教わるということで興味津々でした。
　自ら学ばないとパズルが完成をしないジグソーは、授業が他人事ではなくなり、全員が主体的に参加していることが実感できます。子供たちも楽しみながら学習に取り組んでいる姿が印象的でした。

Lesson5-8 自由な雰囲気のなかで意見を交流する【ワールドカフェ】

　自分の思いを伝えることが苦手な児童や、全体では話を聞くことが苦手な子供も、少人数での取り組みのため、スムーズに交流できました。また、一人一人がより多くの意見をもったり、考えたりすることができました。カフェのような自由な雰囲気というのは、子供にとって楽しいものであり、伸び伸びと交流ができる場だということがわかりました。学習だけでなく、学級活動などでも、どんどんこの方法を取り入れていきたいと思います。

Lesson 5-1

「なぜ、そうなるのか?」を説明させる【理由・根拠】

理由や根拠を
説明させる

● 意見には理由や根拠をセットで

　授業において子供たちは様々な意見を求められたり、判断を迫られたりします。

　例えば、「江戸幕府が鎖国をしたことの是非」を話し合う授業でのこと。「ぼくは、鎖国して良かったと思います」と意見を言うだけでは話し合いになりません。「なぜ、鎖国したほうが良かったのか?」、理由や根拠を述べなければなりません。話し合いは、その理由や根拠の妥当性について論議していくことが大切なのです。そうしないと、「良い」「悪い」を繰り返す堂々巡りの話し合いに終始してしまいます。

　そこで、「わたしは〜と思います。なぜなら……」という話型を普段から徹底しておくと、子供同士の話し合いの際にも使えるようになります。こうした話型を身につけさせるコツは、授業の場面で、教師が手本を示し、その通りにやらせることです。「Aさんは、鎖国は間違いだったと言いましたが、ぼくは日本独自の文化が生まれたから良いと思います」と発言した子がいたら、「Aさんの意見に反対です。ぼくは鎖国は正解だったと思います。なぜなら、鎖国によって日本独自の文化が生まれたからです」と言い直しをさせます。

　不備、不足のある言い方をそのままにしないことが大切なのです。

● 理由や根拠に有効な思考ツール

　理由や根拠を考えさせる時に有効なのが、ウェビングです。ウェビングとは次のようなものです。

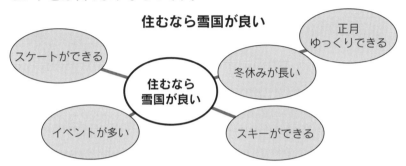

　社会科で「住むなら、雪国が良いか？　南国が良いか？」で話し合う時に、上記のような図をつくらせました。「雪国に住む」のは、どんな点が良いのか思いつくものをどんどん書かせていきます。基本的には中心の「住むなら雪国」から線を延ばし、その理由を書かせますが、「冬休みが長い」から思いついたことは、そこからさらに線を延ばし、「正月ゆっくりできる」などのことを付け加えます。

　こうしていくつも挙げさせたなかから、説得力があると思う理由をいくつか述べさせるとよいでしょう。

ワンポイント★アドバイス

ウェビングでは、線の色を変えて反対意見も書き込むと、相手が何を言ってくるか予想できるようになります。そして、あらかじめ相手の反対意見に対する反論を考えておけば、より良い話し合いが展開できます。

Lesson 5-2

同じところと違うところを比べさせる【比較】

2つのことを比較し
対比させる

● 汎用性の高い比較・対比

　どちらを選ぶか判断を迫られる場面が、話し合いにはよく見られます。その際、「相違点」や「共通点」を考えることで、両者の違いが明確になります。また、1つのことだけでは分析が難しいことでも、2つのことで比べると、簡単に分析できます。

　例えば、「鉛筆」だけを子供たちに見せて、鉛筆の特徴を分析しなさいと言っても、なかなか考えが浮かばないでしょう。しかしそこに、「シャープペンシル」を出し、2つを比べさせると、様々な考えが出てきます。

〈共通点〉
・字を書くことができる
・BやHBなどの濃さがある
・消しゴムで消せる

〈相違点〉
・鉛筆削りが必要か不要か
・細かい字が得意、太い字が得意
・折れやすい、折れにくい

　こうやって対比させることは、非常に汎用性が高い思考方法です。様々な教科、場面で使うことができます。

国語科ではある出来事に関する2つの意見文を比べさせると、主張の違いや書きぶりの違いが明確になります。また共通点から、意見文の書き方に気付かせることもできます。

　社会科では、暖かい地方と寒い地方を対比させ、それぞれの暮らしの工夫について考えさせることもできます。理科では、金属を溶かす液体を比べるという取り組みもできます。

　比較・対比は、問題解決のアイディアを出す際にも使えます。「主体的・対話的で深い学び」では正解のない問題を考えるという場面も予想されますが、そうした場面でも、A案とB案の比較・対比から、Cという別の案を考えることができるからです。

●比較、対比に有効な思考ツール

　比較、対比を考えさせる時に有効なのが、ベン図です。数学でおなじみですが、様々な比較・対比に使うことができます。先ほどの鉛筆とシャープペンシルをベン図で考えてみましょう。

鉛筆	字が書ける	シャープペンシル
鉛筆削りが必要	B、HBなど	消しゴムで消せる
細かい字が苦手	消しゴムで消せる	細かい字が得意
折れにくい		折れやすい

ワンポイント★アドバイス

この思考が使いこなせるようになってきたら、さらに比較の観点も考えさせるようにします。例えば、上記の例で言えば、携帯性、価格などです。さらに思考が深まります。

Lesson 5-3

仲間分けをさせる【分類】

わかるとは「分かる」
分類は理解の第一歩

● 身のまわりのものを仲間分けしよう！

　三角形や四角形がどんなものかがわかっていれば、いろいろな形の図形のなかから、それらを選ぶことができます。つまり「他の物と分けて考えられること＝分かる」だと言えます。

　仲間分けするには、観点が必要です。三角形や四角形は、辺の数という観点で分けられました。もちろん、さらに別の観点で、正三角形、直角三角形と分けていくこともできます。

　つまり、どのような観点で分けるのか、というところに思考が働くのです。

　例えば、机のなかの物を全部出させて、2つに仲間分けさせます。2つに分けられたら「どうしてそうやって分けたのか？」と聞きます。これが観点です。

〈例1：文房具と学習用具で分ける〉
　①鉛筆、消しゴム、色鉛筆、下敷き、定規、はさみ
　②教科書、ノート、辞書、資料集

〈例2：筆記用具とその他で分ける〉
　①色鉛筆、鉛筆、消しゴム
　②教科書、ノート、辞書、資料集、定規、はさみ

　このように、どんな観点で分けたのかで、そのグループに名前を

付けることができます。これを「ラベリング」と言います。この場合のラベリングは、分類したものを束ねる言葉と言うこともできます。

● 表で分類しよう！

分類する時に使える思考ツールとしては、「Ｉチャート」「Ｙチャート」「Ｘチャート」などがあります。２つに分ける時は「Ｉ」、３つの時は「Ｙ」、４つの時は「Ｘ」です。例えば学級活動で、どんな遊びをするのか、次のような意見が出たとします。

ドッジボール、おにごっこ、いすとり、ポートボール、リレー、なわとび、フルーツバスケット、カルタ

これを２つに分けさせる時は「Ｉ」を、３つに分ける時は「Ｙ」を使って次のように図示します。

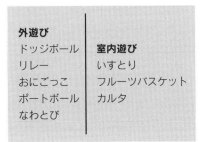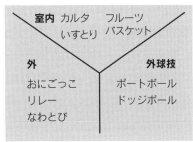

ワンポイント★アドバイス

授業でいくつもの考えが出て、まとまらなくなってしまう場合があります。そんな時は、大まかに２つや３つに分類していくと、焦点化でき、話し合いが先に進みます。

Lesson 5-4

どこを先にするか考えさせる【順序】

順序にも
理由がある

● どんな順序で述べるかで印象が変わる

　１年生の国語科の教材に「いろいろなふね」（東京書籍）というものがあります。この説明文には、客船、フェリーボート、漁船、消防艇の順にそれらの船の働きなどが述べられています。
　「これらの事例は、どんな意図によってこの順序で述べられているのでしょうか？」
　こう聞くと、高学年でも驚きます。順序に意味があるとは知らない子も多いのです。この場合は、身近な順で述べられています。
　６年生の国語科に「迷う」（教育出版）という随筆があります。人間や動物たちの迷いについて書いたものですが、ここでの事例は「何を食べようかという食事での迷い」「テストなどでどれが正解かという迷い」「道での迷い」「命がけの迷い」が取り上げられています。この文章では、軽い迷いから始まり、次第に深刻な迷いになるように事例が配列されています。
　このように表現者の意図を読み取ることで、より深い理解が可能になりますし、自分が表現をする時には、「では、どのような順番で伝えたらよりわかりやすいだろうか？」と思考を深めることができます。
　こうした順序は、話し合いで人を説得する時にも使えます。どの

順序で主張するほうが説得力があるかと考えるのです。新聞づくりやガイドブックづくりでも、どれをトップ記事にするのか、どの順に説明していくのかなどに活用できます。

● どのように順序を考えるか？

順序を考えさせる時に大切なのは、どんな視点で並べるかということです。視点を変えて、いろいろと並べ替え、一番効果的な順序を決めるようにします。

そのためには、付箋を活用すると便利です。

例えば、転入生に特別教室を案内するとします。限られた時間のため、「校長室」「職員室」「保健室」「図書室」「体育館」に絞った場合、どの順に案内するのがよいでしょうか。

まずは、付箋1枚に1カ所ずつ場所を書いていきます。

次に、どんな並べ方があるのか考えさせます。先の教室案内を子供たちに考えさせたところ、「使用頻度」で考える子が多くいました。しかしそれだけでは、あっちに行ったりこっちに行ったりになってしまいます。そこで一番使用頻度の高い図書室からスタートし、あとは近い場所から案内することにしました。

このように、複数の視点を使って順序を考えることもできます。

ワンポイント★アドバイス

代表的な順序の視点には次のようなものがあります。「時間順」「重要度順」「場所の順」「身近な順」「使用頻度順」など、それぞれ重要なものから、重要ではないものからというように、順、逆の並べ方があります。

Lesson 5-5

3人組で話し合う
【小実験室】

3人での話し合いを
極める

● 多様な話し合いを引き出すために

　2人兄弟よりも3人兄弟のほうが人間関係が複雑になり、社会性が育つと言われます。2人の場合は、A＝B（対等）、A＞B（主従）、A＜B（従主）の3通りしかありませんが、3人になるとその何倍もの関係性が生まれます。

　話し合いも同じで、1対1のペア対話から1人増やすことでぐっと複雑さが増し、多様な話し合いができるようになります。

　ペア対話に慣れたら、ぜひとも3人組での話し合いを極めていきましょう。

● 小実験室

　3人になると関わり合いが複雑になるので、初めは形式を決めた話し合いを導入するとよいでしょう。

　私がおすすめするのは、小実験室という方法です（＊注）。

　小実験室は、以下のように進めます。

①**話し合いのテーマについて個々で考える**：テーマによってあたえる時間を決めます。5分程度が基本となります。

②**話し合いの下準備を行う**：3人組をつくり、話す順を決めます。

また、1人の発言時間を教師が伝えます。内容にもよりますが、1分を基本とします。教師がタイムキーパーを務めます。

③**意見を共有する**：1人ずつ話をします。教師の合図があるまでは話し続けます。話が終わってしまったら、もう一度同じ話を繰り返します。発言者以外は話をしてはいけません。頷きながら、静かに聞きます。メモをしても構いません。教師の合図があれば途中でも次の人に交替します。

④**静かに考える**：全員の意見を聞いたら、30秒程度静かに聞いたことを振り返らせます。心の中で他の人の話を咀嚼するイメージです。

⑤**再度意見を交換する**：先ほどと同じように、1人ずつ話をします。相手の意見を聞いて、さらに考えたことなどを付け足すようにします。

⑥**フリートーク**：30秒程度個人で静かに考えさせたら、3分程度フリーに話をさせます。話を聞いてわからなかったことを質問したり、相手の話と自分の話を関連付けて話したりします。

⑦**全体での共有**：いくつかのグループを指名し、どんな話し合いをしたか報告させ、全員で共有するようにします。

＊『子どもの思考が見える21のルーチン』（R.リチャートほか、黒上晴夫ほか訳、北大路書房）で紹介されている「小実験室」を参考にしました。

ワンポイント★アドバイス

この形式で話し合うのに適しているのは、総合的な学習で扱うテーマを話し合うなど、答えが1つに限定されないものです。3人で様々な角度から話し合う良さを感じさせることが大切です。

Lesson 5-6

自由に発想させる
【ブレイン・ライティング】

ブレイン・ストーミングから
ブレイン・ライティングへ

● ブレイン・ストーミング

　柔軟なアイディアを出すための手法としては、ブレイン・ストーミング（ブレスト）が有名ですね。

　ブレストとは、自由な話し合いで様々なアイディアを出す方法です。とにかく、たくさんアイディアを出すことを優先し、奇抜なものでも、「いいね！」と認めていきます。

　ただし、ブレイン・ストーミングの場合、どうしても発言の苦手な子供が参加しにくい状況が生まれます。そこで、発言ではなく、紙にアイディアを書いていくブレイン・ライティングを行うことをおすすめします。

● ブレイン・ライティング

　ブレイン・ライティングのやり方は、以下の通りです。

　まず、6人前後のグループをつくり、ブレイン・ライティングシート（右頁参照）を全員に配付します。各自シートにテーマを書き入れます。次に、各自が自分のアイディアをⅠの横のA、B、C欄に書きます。時間は5分程度です。

　時間になったら自分のシートを左の人に回します。自分は右の人

からもらいます。今度はⅡのA、B、C欄にアイディアを書きます。先ほどと違うアイディアでも、他の人のアイディアを見て、それを発展させたものでもよいでしょう。5分たったらまた隣に回します。これを順にやっていくと、6人グループならば、30分で全員の意見が最大108個出されたことになります。

　発想を広げたら、今度はどれが良いアイディアか絞っていきます。まずは、各自がいいなと思うアイディアを3つ程度選んで、次に、それらを仲間分けして似たようなアイディアを集めていきます。集まったものには、簡単にタイトルを付けておきます。どこにも属さないものもあるかもしれませんが、それはそのまま残します。あとは目的に応じて、どのタイトルのグループを選ぶか話し合ったり、優先順位をつけたりします。

●ブレイン・ライティングシート（例）

テーマ		
Ⅰ　A	B	C
Ⅱ　A	B	C

＊人数に合わせて、Ⅲ、Ⅳ……と枠を増やします。

ワンポイント★アドバイス

自由な発想を引き出すための手法ですので、例えば、社会科で地球環境をどのように守るのか話し合う、総合的な学習で地域の課題について話し合うといったように、正解のない問題を考える場面での活用が有効です。

Lesson 5-7

互いに助け合う【ジグソー】

互恵的な
支え合い学習を行う

● 基本のジグソー

　主体的で対話的な学びが脚光をあびるようになると、ジグソーという共同学習の方法が注目されるようになりました。ジグソーは以前からある手法ですし、それを取り入れれば必ず対話的な学びになるというわけではありませんが、

- **話し合う必要性がある**
- **一人一人が協力しなければ成立しない**

という点で、「主体的・対話的で深い学び」に有効な手法の1つと考えられます。ジグソーにはいくつものバリエーションがありますので、まずは基本形を紹介します。

①**ホームチームをつくる**：4人組を基本とした班をつくります。これを、ホームチームと言います。4人はあたえられた課題をそれぞれ分担します。例えば、江戸時代の文化を学ぶ学習で、メンバーAは杉田玄白、Bは近松門左衛門、Cは伊能忠敬、Dは本居宣長を担当します。

②**専門家チームで集まる**：担当ごとに集まり、専門家チームをつくります。杉田玄白について調べるAチーム、近松門左衛門について調べるBチーム……という具合です。人数が多すぎる場合は、Aチームを2つに分けるなどしてもよいでしょう。

③**専門家チームで学ぶ**：それぞれの分担について調べたり、議論を通して考えを深めたりします。例えば、伊能忠敬について生い立ちや業績を調べたり、どんなところがすごかったのかを話し合ったりします。

④**ホームチームに戻る**：ホームチームに戻り、各自が専門家チームで学んできたことを伝えます。他のメンバーは質問したり、意見を言ったりします。そして、学びを共有していきます。ジグソーパズルのピースが集まって絵が完成するというイメージですね。

今回の例の場合は、最後に協力して新聞づくりを行いました。

●バリエーション

基本形では、個々の専門家しかその情報をもっていませんでした。しかし例えば国語科の学習では、こうした手法をとる時は注意が必要です。なぜなら、物語文を扱う場合、全体を読んでいないと部分も理解できないからです。ですから、全員で全体を読み、それから個々に分担を決めていくというのが、このバリエーションです。

協働という面では弱くなりますが、教科書を使う場合、情報はあらかじめオープンになっていますので、こちらのバリエーションのほうが使い勝手が良いと言えます。

ワンポイント★アドバイス

手法はあくまで手法です。これをどう深い学びにつなげていくのかが大切です。そのためには、専門家チームでの学びをどうサポートするのかがポイントになります。

Lesson 5-8

自由な雰囲気のなかで意見を交流する【ワールドカフェ】

まるでカフェで
おしゃべりするように

● 小学生版ワールドカフェ

　カフェでのおしゃべりのように、自由でリラックスした雰囲気のなかで、あるテーマについて対話していくのがワールドカフェです。
①**ホームチームをつくる**：4人組を基本として班をつくります。これをホームチームと言います。まずは、教師があたえた課題を各自で考えます。例えば、社会科の米づくりの導入で実施した時は、「米づくりについて知っていることや、知りたいことを話し合おう」という課題をあたえて、付箋紙1枚に1つの項目を書かせました。この時は5分で行いましたが、内容によって調整します。
②**意見を出し、落書きしながらおしゃべりする**：教師は模造紙を半分に切ったものと、6色程度のサインペンを各班に配付します。まずは、各自が自分の書いた付箋を発表しながら模造紙に適当に貼っていきます。全員の発表が終わったら、みんなでその付箋をグルーピングしたり、関連することを線で結んだりします。気付いたことを直接書き込んでもよいことにします。

　「自由に落書きしながらおしゃべりするように」と指示すると、気楽にできます。自然とその場を仕切る子が出てきますが、それはそれで善しとします。教師は各グループを回りながら、参加できない子に「思いついたことを書いていいよ」「大事な言葉を赤で囲む

といいね」などと声をかけたり、「関連事項を『＝』で、反対の考えを『⇔』で結ぶ」などと助言していきます。10分程度行います。

③**他のグループに散らばる**：4人のうち1人がグループに残ります。あとの3人はそれぞれ別のグループに移動します。Aのグループの3人は、B、C、Dに、Bグループの3人はC、D、Eに移動するなどして、再び4人グループをつくります。そこで、まずは残ったメンバーが、これまでの話し合いを説明します。それから、集まってきたメンバーがそれぞれのホームチームで話し合ったことを知らせたり、話し合ううちに新たに気付いたことを模造紙に書き込んだりしていきます。これも10分程度行います。

④**ホームチームに戻る**：ホームチームに戻り、各自が別のグループで話し合ってきたことをもとに、さらに話し合いを進めていきます。様々な人と意見を交流することで、浅かった考えが深まったり、思いもよらない広がりを見せたりする経験をすることができます。5分程度が目安です。

⑤**全体で共有する**：模造紙を自由に見て回る時間をとります。また、時には、どんな話し合いが行われたかいくつかのグループに発表してもらってもよいでしょう。そして最後に、個人で振り返る時間をとります。それにより、学びが確かなものとなります。10分が目安です。

ワンポイント★アドバイス

説明や移動に5分かかると考えると、これでちょうど45分です。かなり駆け足となりますので、時には90分かけてもよいでしょう。また、④をカットし、⑤を個人の振り返りだけにすると45分でもゆとりをもって取り組めます。

COLUMN V

早く学校に行きたい！

　小学校教師のことを、「子供相手のつまらない仕事」と揶揄する人がいました。こういうことを言う人こそ、つまらないなと思います。

　世の中には、おもしろい仕事とつまらない仕事があるのではありません。仕事をおもしろくする人と、そうしない人がいるだけなのです。

　では、どうしたら教師の仕事がおもしろくなるでしょうか。

　その鍵の1つは、何と言っても、授業にあると思います。

　野口芳宏先生による「うとてとこ」という詩の模擬授業を受けたことがあります。自分が子供として授業を受けたのですが、これが非常に楽しくて、知的好奇心をくすぐるような授業でした。さっそく自分のクラスでも試したいと、わくわくしたことを覚えています。さらに私は、その授業の手法を、他の詩でも使えるようにと教材開発、教材研究を進めました。その結果、これで何とか授業ができそうだと構想がまとまりました。その時は、「早く明日にならないか。早く授業してみたい」と思ったものです。

　さて、翌日の授業は、これまでにないほどに盛り上がりました。子供たちの反応を見て、「授業って、やっぱりおもしろいな！」と思ったものです。

　このように、良い指導法に出合ったり、手応えのある教材研究ができたりすると、学校に行くのが楽しみになります。

　今は授業をする機会がずいぶんと減りましたが、何か良い教材はないかといつも探しています。いつまでも授業を楽しめる教師でいたいなと思っています。

Q&A
実践者の疑問に答えます！

Lesson 1~5

Lesson 1

> **Q** メリハリの大切さはわかりましたが、子供たちが静かに作業することがメインの授業の時は、どのようにメリハリをつけたらよいでしょうか。メリハリをつけるために時々作業を止めてアドバイスしたほうがよいでしょうか？

A 子供がせっかく静かに作業しているのに、ちょっと気になる子がいると、子供たちの作業をすぐに止めてしまう教師がいます。しかし、その指示が本当に全員に必要なのか考えてみる必要があります。もし数人だけに必要ならば、面倒でも一人ずつに小さな声で指導すべきです。静かに作業する子供たちの邪魔をしてはいけません。いくらメリハリが大切だといっても、逆効果です。子供たちが静かに作業している時にどうしても声をかけたくなってしまう方は、タイマーをセットし、タイマーが鳴るまでは声を発しないと決めてみてはどうでしょうか。次第に沈黙に耐えられるようになるでしょう。

> **Q** 1年間のゴールをイメージするには、手本となる学級を参観したり、良い授業をビデオで見たりするとよいということですが、他に補助的な手立てはありますか？

A 具体的なイメージを紙に書き出してみるとよいでしょう。何となくイメージしている状態だと、具体的には書けません。書きながら、より具体化するのです。また、具体的な姿を書き出した紙を、ことあるごとに読み返すようにもします。それにより、1年後のゴールと現在の差が意識できます。まだまだ不十分だと思えば、さらに手立てを工夫していく必要がありますし、順調ならばそのまま取り組みを継続すればよいでしょう。

> **Q** 勉強術をもっと教えていきたいと思います。他にはどんなものがあるでしょうか？

A 社会科や理科では一問一答をつくらせるとよいでしょう。ノートの左側に問題、右側に答えを書かせていきます。この問題づくりだけでもだいぶ学習事項が頭に入ります。あとは問題を読み、答えを考え、それから答えを見るということを繰り返すとよいと教えます。これをペアでやらせてもよいでしょう。一人が問題を出し、もう一人が答えます。2分ほどやったら交替します。こうやって協力し合うのも勉強術の1つです。また、人との関わりによる勉強術で一番効果的なのは、学んだことを人に教えることです。人に教えると、理解がぐっと深まります。

Lesson 2

 説明等を効果的にするために、話し方や間、身振りなどが大切だということですが、他に有効な手立てはありますか？

 身振り、表情などは、視覚に訴える方法です。人は視覚によって多くの情報を受け取りますので、こうした方法が有効なのです。話を聞かせたい時には「耳」の絵カードを出したり、板書で注目させたいところに「目」の絵カードを貼ったりしている先生を見たことがあります。低学年には特にこうした方法は有効です。いろいろと、視覚に訴える方法を工夫してみましょう。

わかりやすい説明のために、子供の身近なことに置き換えるとよいとのことでした。私はあまり子供の身近なことを知らないのですが、子供向けのテレビなどを見たほうがよいでしょうか？

子供向けのテレビを見たり、ゲームをしたりすると、子供との会話が弾みます。ですから、そうしたものに触れるのもよいでしょう。ただし、仕事のためと無理に見る必要はありません。私の場合は、休み時間に子供から情報収集していました。例えば、「みんなどんなテレビを見ているの？」「うちはゲーム禁止なんだけど、みんなのなかで流行っているゲームは何？」というように話題を振ると、子供たちは喜んで詳しく教えてくれました。

> Lessen2-7の「指示を効果的にする技術」で、やがて隠れ指示になっていくようにしたいとありましたが、どのような手順で隠れ指示にしていけばよいでしょうか？

時々指示を入れないようにしてみます。例えば、「このページを音読したら座ります」という指示をいつもしているならば、「このページを音読します」しか言わないようにします。すると、指示がなくても座る子がいるはずです。そういう子をどんどんほめましょう。例えば、「Aさんは指示しなくても座れたね。自分で考えて行動していて立派です」というように声をかけるのです。すると次からは、考えて行動できる子がさらに増えるでしょう。その子たちのこともほめます。こうして、クラスの半数以上がそういう状態になったら、指示を出すのをやめても大丈夫です。残りの子供たちも、まわりの様子を見ながら揃えるようになります。

Lesson 3

 どの教科でもそうですが、ペア対話ではそれなりに話が盛り上がっても、全体での話し合いがうまくできません。どのような取り組みをすればよいでしょうか？

A　学級全員での討論は華々しく、そうした授業に憧れる方も多いでしょう。ですが、もし40人の学級なら1人が1分話をしたら、それだけで授業が終わってしまいます。つまり大人数の話し合いは効率が悪いのです。ですから、全体ということにあまりこだわりすぎないほうがよいのです。それよりも2人での話し合い、3人での話し合い、4人での話し合いを充実させていけばよいと思います。最終的に4人で話し合えれば、それで十分です。その4人を1回目と2回目の話し合いでメンバーチェンジします。そうすれば、8人で話し合ったことになるのです。ぜひLesson 5の「ジグソー」や「ワールドカフェ」も参考にしてみてください。

 教師として、どの教科もまんべんなく指導できるようにするべきなのか、これはという得意教科をもつべきか悩んでいます。

A　自分が受験生だった時のことを思い浮かべてみるとよいかもしれません。苦手教科があると、それに足を引っ張られてしまいます。とはいえ、いざという時に頼りになるのは得意教科

です。得意教科があれば、苦手教科で得点できない分をカバーすることができますし、安定して得点することもできます。ですから、まずは大きくマイナスとなるような教科はつくらないように心がけながらも、得意教科をどんどん伸ばしていくようにしましょう。私の場合は国語科がそれにあたりますが、国語科を勉強することを通して、他教科の理解が進んでいきます。子供に学力をつけるという点ではどの教科も同じだからです。ぜひ、若い時にこれはという教科を見つけ、極めていきましょう。

> **Q** 技能教科のコツはLesson 3には述べられていませんが、特に共通して気を付けたほうがよいことはありますか？

教科ごとの特性がありますので、ひと言で伝えるのは難しいのですが、あえてまとめると「広く・浅く・多彩に」ということです。例えば、サッカーが好きだからといって、それ以外の運動をまったくしなかったら、どうなるでしょうか。下半身は鍛えられても、上半身は鍛えられません。非常に偏った発達をしてしまいます。極端な話ですが、イメージはしていただけると思います。小学校の体育では全身をまんべんなく鍛えるように様々な運動に挑戦させます。図画工作科や家庭科なども同じような考えで指導するとよいでしょう。

Lesson 4

 対話的な学びとして、子供同士や教師と子供の対話の必要性は理解できました。しかし、本や資料との対話ということがイメージしにくく感じました。どのように捉えればよいでしょうか？

自ら問いをもって資料や本を読んでいくというイメージです。「この資料が伝えたいことは何だろうか？」「どんな工夫をしているのだろうか？」「書いてあることは本当だろうか？」などと主体的に問いをもつようにするのです。すると、問いに対しての答えを見つけながら資料を読むことになります。その結果、資料を何となく読み流してしまうことがなくなります。こうしたことができるようにするためには、どんな問いかけをしながら読むとよいのか、一斉指導で確認しながら資料を読む経験をさせるとよいでしょう。

 ペア対話がいまひとつ盛り上がらないように思います。特に気を付けたほうがよいことはありますか？

言語活動の充実が求められるようになり、研究授業などでペア対話を見かけることが増えました。しかし、あまり盛り上がりを見せていないクラスもあります。その原因として考えられるのは次のことです。

・ペア対話に慣れていない

・**ペア対話が必要ではない場面で無理に行っている**

　たいていどちらかです。普段からやり慣れていなければ、対話が盛り上がるはずもありません。また、必要性を感じなければ、活発な話し合いにもなりません。「自分の考えたことは本当に合っているのだろうか？」「どうしても友だちの意見を聞いてみたい」というように必要性を感じられる場面でペア対話を行うように心がけましょう。

Q　出版学習を上手く行うためのポイントは何でしょうか？

　本づくりの授業を子供時代に経験したことがある教師は、あまり多くありません。自分の経験が少ないと、それを教えることは困難です。ですから、まずは子供たちに行わせる活動を教師自身がやってみることが大切です。そうすることで、どんな指導が必要か実感することができます。また、自分がつくった本を子供たちに見本として示すこともできます。見本があったほうが子供たちは自分の行う活動がイメージでき、より意欲的になります。ただし、本づくりはあくまでも手段ですので、本づくりを通してどんな力を身につけさせたいのかという「目的」をしっかりと意識することが大切です。

Lesson 5

> **Q** 自分自身が、これまで思考ツールを使って何かをしたという経験がありません。思考ツールは本当に必要なものなのでしょうか？ また、どのように指導していけばよいでしょうか？

A ツールというのは道具ですから、それを使って何をしたいのかが大切です。ツールを使うこと自体を目的化しないように注意したいものです。しかし、思考ツールを知っていると便利な場面もあります。例えば、２つのことを比べる時に、ベン図に書き込んでいったほうが、その違いが明確になります。また、書き込むうちに、いろいろな視点に気付くこともあります。頭の中だけで処理するのは限界があるのです。そういう意味では、基本の思考ツールはマスターさせておくと、役立つ場面も多いと考えています。

　指導方法ですが、まずは遊び感覚でマスターさせるとよいでしょう。例えば、朝ドリルの時間などで、夏休みと冬休み、ラーメンとカレーなどをベン図で比べさせます。あとは使えそうな場面で定期的に使わせていくと、こちらが指示しなくても使いこなす子が出てきます。そういう子が多数になれば、うまく導入できたと言えるでしょう。

ジグソーで学習を行うと、担当したこと以外の学習が深まらないのではないかと不安になります。

確かに、専門家チームで学ぶことはよいのですが、それ以外が手薄になりがちです。ホームチームに戻ってからの説明にも、その学習が得意な子と苦手な子で差が出ます。そこで、ホームチームでの説明の際に、その学習が苦手な子をさりげなくフォローしていく必要があります。また、バリエーションとして紹介した国語科のやり方を、他教科に生かす方法もあります。例えば、戦国時代の3人の武将（織田信長、豊臣秀吉、徳川家康）について、最低限のことは教師主導で教えてしまいます。それから専門家チームでさらに深く学ばせるのです。

 小実験室やワールドカフェなど、指導力がないと実践が難しいように思います。

話し合い活動はとにかくやってみることが大切です。文章で読むと難しそうでも、やってみれば何とかなるものです。もしうまくいかなかったら、なぜうまくいかないのかを考え、自分のクラスに合わせてアレンジすればよいのです。柔軟に、何度も行ううちにかたちになってきます。

あとがき

　新聞などであまり大きく取り扱われていませんが、2015年OECD学習到達度調査（PISA調査）において、日本は数学と科学でOECD加盟国35か国中1位になっています。あのフィンランドよりも上なのです。また、読解力はやや順位を落としたものの、上位にいることは変わりません。

　こうした結果を支えているのが、教師の指導力の高さであることは間違いありません。研究授業を中核とした、授業研究のシステムを日本から学ぼうとしている国も増えています。

　日本の教師がこれまで開発してきた授業技術、いわば不易の部分に、我々はもっと自信をもってよいのではないかと思います。

　一方で、日本の子供は学習への意欲が低い傾向にあると言います。この点については、我々はさらに研究を深めていかねばなりません。この対応には、流行という視点が必要です。「主体的・対話的で深い学び」という視点からの授業改善により、子供の意欲、関心が高まると考えられます。

　実際、本書の内容を実践していただいた若い先生方からは、そのような報告が入っています。

　今回も、「必ず実践をくぐらせてから提案する」という考えのもと、若い先生方をはじめ多くの方々に実践の協力をしていただきました。特に各レッスンを教室で実践し、詳細なレポートを提出してくださった井上佑季子先生、金山美羽先生、辻雄一朗先生、平野桜子先生、石渡弘晃先生には重ねて御礼申し上げます。この5人の先生方には、本書の内容、書きぶりについての助言もいただきました。こうした若い仲間とともに学ぶことのできる幸せを感じています。

学陽書房の根津佳奈子さんには、本書の企画段階から執筆、校正に至るまで、多くの貴重なアドバイスをいただきました。本当にありがとうございました。特に今回は、指導要領の公布時期と重なったため、文言の取り扱いで修正が多く、ご迷惑をおかけしました。また、イラストレーターの岩田雅美さんには、今回もたいへんお世話になりました。私の本には岩田さんのイラストがよく似合う、という固定ファンの声を聞くようになりました。

　最後に、読者のみなさん。最後までお読みくださりありがとうございました。授業は、どこまでやっても、これで完成形だということはありません。「もっと工夫できないか？」「もっと良い方法はないか？」……そうやってより良い理想を求め、私も学び続けていきます。いつかみなさんと、その学びを共有できることを楽しみにしています。

瀧澤　真

●参考文献
堀 公俊『ファシリテーション入門』日本経済新聞社、2004年
森 時彦『ファシリテーターの道具箱』ダイヤモンド社、2008年
アニータ・ブラウンほか、香取一昭ほか訳『ワールド・カフェ』ヒューマンバリュー、2007年
教育課程研究会編著『「アクティブ・ラーニング」を考える』東洋館出版社、2016年
田村 学『授業を磨く』東洋館出版社、2015年
赤坂真二ほか『史上最強のアクティブ・ラーニング読本』小学館、2016年
大石哲之『3分でわかるロジカル・シンキングの基本』日本実業出版社、2008年
永山嘉昭『説得できる図解表現200の鉄則』日経BP社、2002年
ジョージ・ジェイコブズほか、伏野久美子ほか訳、関田一彦監『先生のためのアイディアブック』
　　日本協同教育学会、2005年
R・リチャートほか、黒上晴夫ほか訳『子どもの思考が見える21のルーチン』北大路書房、2015年
池上 彰『わかりやすく＜伝える＞技術』講談社、2009年
上條晴夫『みんなが発言したくなる討論 話し合い授業』学事出版、2000年
野口芳宏『野口流 教師のための発問の作法』学陽書房、2011年
宮本博規『スペシャリスト直伝！　算数科授業成功の極意』明治図書出版、2011年
大前暁政『スペシャリスト直伝！　理科授業成功の極意』明治図書出版、2011年
澤井陽介ほか『ステップ解説 社会科授業のつくり方』東洋館出版社、2014年
板倉聖宣『仮説実験授業のABC』仮説社、2011年
大西忠治『授業つくり上達法』民衆社、1987年
大西忠治『発問上達法』民衆社、1988年
横田経一郎『10の力を育てる出版学習』さくら社、2011年
関西大学初等部『関大初等部式 思考力育成法』さくら社、2012年

著者紹介

瀧澤　真（たきざわ　まこと）

　1967年埼玉県生まれ。1992年より千葉県公立学校教諭、台北日本人学校派遣教員等を経て、現在は、袖ケ浦市立蔵波小学校教頭。木更津国語教育研究会代表。日本国語教育学会会員。
　主な共著に『書く力をつける一文マスターカード　低学年・中学年・高学年』『子どもを動かす国語科授業の技術20＋α』『作文力を鍛える新「作文ワーク」小学6年・中学校』（以上、明治図書）、『10の力を育てる出版学習』（さくら社）などが、著書に『まわりの先生から「あれっ、授業うまくなったね」と言われる本。』『まわりの先生から「おっ！ クラスまとまったね」と言われる本。』『まわりの先生から「すごい！ 残業しないのに、仕事できるね」と言われる本。』（以上、学陽書房）がある。また、「教育技術」（小学館）等雑誌への掲載も多数。
　ご質問や講師依頼は、mmmtakizawa@yahoo.co.jpまで。

まわりの先生から
「むむっ！ 授業の腕、プロ級になったね」
と言われる本。

・・・・・・・・・・・・・・・・・・・・・・

2017年5月24日　初版発行

著　者　　瀧澤　真
発行者　　佐久間重嘉
発行所　　学　陽　書　房
　　　　　〒102-0072　東京都千代田区飯田橋1-9-3
　　　　　営業部　TEL 03-3261-1111　FAX 03-5211-3300
　　　　　編集部　TEL 03-3261-1112
　　　　　振　替　00170-4-84240
　　　　　http://www.gakuyo.co.jp/

・・・・・・・・・・・・・・・・・・・・・・

ブックデザイン／佐藤博　イラスト／岩田雅美
DTP制作／岸博久（メルシング）
印刷／加藤文明社　製本／東京美術紙工

©Takizawa Makoto 2017, Printed in Japan
ISBN 978-4-313-65336-8　C0037
乱丁・落丁本は、送料小社負担にてお取り替え致します。
定価はカバーに表示してあります。

JCOPY ＜出版者著作権管理機構　委託出版物＞
本書の無断複製は著作権法上での例外を除き、禁じられています。複製される場合は、そのつど事前に、出版者著作権管理機構（電話 03-3513-6969、FAX 03-3513-6979、e-mail : info@jcopy.or.jp）の許諾を得てください。